Bernardo Cabral,
UM JURISTA-POLÍTICO

"Posse na Academia Luso-Brasileira de Letras" (15/6/2015).

Bernardo Cabral,
UM JURISTA-POLÍTICO

*Depoimentos concedidos ao pesquisador
Júlio Aurélio Vianna Lopes*

FGV EDITORA

Copyright © 2015 Júlio Aurélio Vianna Lopes

Direitos desta edição reservados à
Editora FGV
Rua Jornalista Orlando Dantas, 37
22231-010 | Rio de Janeiro, RJ | Brasil
Tels.: 0800-021-7777 | 21-3799-4427
Fax: 21-3799-4430
editora@fgv.br | pedidoseditora@fgv.br
www.fgv.br/editora

Impresso no Brasil | Printed in Brazil

Todos os direitos reservados. A reprodução não autorizada desta publicação, no todo ou em parte, constitui violação do copyright (Lei nº 9.610/98).

Os conceitos emitidos neste livro são de inteira responsabilidade do(s) autor(es).

1ª edição – 2015

Coordenação editorial e copidesque: Ronald Polito
Revisão: Marco Antonio Corrêa e Victor da Rosa
Capa, projeto gráfico de miolo e diagramação: Ilustrarte Design e Produção Editorial
Fotos da capa e do miolo: Christina Bocayuva

Ficha catalográfica elaborada pela
Biblioteca Mario Henrique Simonsen/FGV

Lopes, Júlio Aurélio Vianna
    Bernardo Cabral: um jurista-político / Depoimentos concedidos ao pesquisador Júlio Aurélio Vianna Lopes. - Rio de Janeiro : Editora FGV, 2015.
    176 p.

    Inclui bibliografia.
    ISBN: 978-85-225-1782-4

    1. Cabral, Bernardo, 1932-. 2. Políticos – Brasil – Biografia. 3. Advogados – Brasil – Biografia. I. Fundação Getulio Vargas. II. Título.

CDD – 323.281

Sumário

Introdução: a sistematização do caos
Júlio Aurélio Vianna Lopes   7

Depoimento de Bernardo Cabral, relator da Assembleia
   Constituinte de 1987/88, a Júlio Aurélio Vianna Lopes,
   pesquisador da Casa de Rui Barbosa, em 24 de outubro
   de 2012 — primeira parte   15

Depoimento de Bernardo Cabral, relator
   da Assembleia Constituinte de 1987-88, ao pesquisador
   Júlio Aurélio Vianna Lopes, concedido, por correspondências
   via e-mail, no mês de outubro de 2013, no qual a Carta de
   1988 completou 25 anos de vigência — segunda parte   47

Sabatina de Bernardo Cabral no conselho técnico
   da Confederação Nacional do Comércio
   em 8 de outubro de 2013 (nos 25 anos
   da Constituição Federal de 1988)   63

O poder constituinte: fonte legítima — soberania —
   liberdade   83
   J. Bernardo Cabral

Discurso de despedida — senador Bernardo Cabral —
   Senado Federal   125

Sobre Bernardo Cabral   173

Introdução:
a sistematização do caos

Júlio Aurélio Vianna Lopes

Entre os mistérios políticos que me atraíram para pesquisar a elaboração da atual Constituição brasileira, dois se destacaram. O primeiro foi o seguinte: como uma Assembleia de representantes políticos provenientes, em sua maioria, dos quadros políticos do regime autoritário gerou uma Carta Magna democrática? Tal pergunta orientou minha pesquisa anterior, de modo a desvendar as cisões políticas da maioria conservadora que desgarraram seus moderados e os aproximaram dos representantes — expressivos, mas não hegemônicos na Assembleia — da oposição democrática à ditadura militar (Vianna Lopes, 2008).

O segundo mistério, subjacente ao primeiro e, talvez, mais relevante para a compreensão desse processo constituinte, se evidenciou ao longo da pesquisa sobre a elaboração constitucional: como uma Assembleia tão politicamente fragmentada (inclusive na dimensão ideológica) pôde assentar consensos suficientes para formular a nova Constituição? Pois, ao menos no início do processo, não havia sequer uma agenda estabelecida — nem pelas forças que convocaram a Assembleia, nem pelas que nela eram majoritárias (Vianna Lopes, 2008, cap. 2) —, assim como não houve *ao longo de toda a elaboração constitucional*.

O bloco político que conduzia a transição à democracia, desde a eleição de Tancredo Neves e posse de José Sarney na Presidência da República (1984-85), se limitara à convocação da Assembleia Constituinte, afinal formada no bojo das eleições parlamentares de 1986, mas sem comprometimento com um projeto de Constituição para o país.[1] Instalada, a Assembleia Constituinte rejeitou, imediatamente, considerar qualquer projeto prévio, até mesmo a proposta elaborada por uma comissão de especialistas (nomeada pelo já falecido Tancredo Neves) para subsidiar seus trabalhos.[2]

À falta de um ponto de partida — expressiva da lacuna de consenso mínimo sobre a nova ordem constitucional — correspondeu uma organização da Assembleia que adotou um procedimento pelo qual a elaboração da nova Constituição começaria em subcomissões de temas específicos, passando por comissões de temas mais amplos e desaguando numa comissão de sistematização, a qual reuniria as diversas propostas num projeto — afinal levado ao plenário da Assembleia.[3] O itinerário da elaboração constitucional foi, portanto:

1. Subcomissões
2. Comissões

---

[1] Sallum Jr. (1996). A Assembleia Constituinte resultou dos deputados e senadores que compuseram o Congresso Nacional a partir de 1987, segundo a convocação feita por emenda à Constituição vigente (1967). Ela foi proposta pelo presidente José Sarney por compromisso político do falecido presidente Tancredo Neves, ao qual substituiu.
[2] A Comissão de Estudos Constitucionais, nomeada por Tancredo Neves e presidida por Afonso Arinos, produziu um anteprojeto de Constituição, mas não foi enviado à Constituinte pelo presidente da República José Sarney.
[3] Brasília (1994:912). O regimento interno da Assembleia foi aprovado na sessão de 26/3/1987.

3. Comissão de sistematização
4. Plenário

O procedimento fragmentário da construção constitucional correspondia à ausência de alicerces consensuais na Assembleia, cabendo sua fixação pelos seus principais atores — especialmente os reunidos na comissão de sistematização. No entanto, como a fragmentação política do bloco que derrotara o autoritarismo (PMDB/PFL) era acompanhada pela fragmentação *ideológica* que, excetuando as bancadas das esquerdas (PDT, PT, PSB, PCB e PC do B), implodia todas as demais bancadas (amplamente majoritárias na Assembleia), mesmo o projeto da comissão de sistematização não foi suficiente para fornecer o consenso necessário. A maioria do plenário se recusou, após sua formulação, a adotá-lo como base das votações,[4] levando a intensivas negociações para definições, *em cada parte do texto constitucional,* até a proposta ser votada. De fato, a Constituição de 1988 foi elaborada *no e pelo plenário* da Assembleia Constituinte.

Conheci Bernardo Cabral — o relator da comissão de sistematização, que também relatou a elaboração constitucional no plenário — em 2008, durante minhas pesquisas sobre o processo constituinte. Já então, ele era o único remanescente da cúpula do processo: Ulysses Guimarães, presidente da Assembleia, desaparecera tragicamente em 1992; Mario Covas, líder da maioria partidária (PMDB) que, nessa condição, influenciara bastante a composição da comissão de sistematização e foi um dos fundadores do PSDB — durante a Constituinte —, falecera em 2001 e Afonso Arinos, que presidiu a comissão de sistematização, havia falecido em 1990.

No depoimento de Bernardo Cabral, colhido para este livro, sobressaem dois aspectos de seu papel político para o assentamento da atual ordem constitucional:

---

[4] Brasília (1994:5914, sessão de 26/11/1987).

- o exercício da relatoria por um "jurista-político", portanto, com determinadas características (Werneck Vianna, 1986);
- o perfil conciliador exigido pela fragmentação característica da dinâmica constituinte.

A condição de "jurista-político", apresentada por muitos políticos brasileiros (inclusive o próprio Rui Barbosa), desde o Império, advém da própria instituição das primeiras faculdades de direito no Brasil: o imperador as fundara para formar as elites políticas imperiais, o que, mesmo após a proclamação da República, forjou uma tradição bacharelesca na política brasileira, tornando o bacharelado em direito um costume efetivo no desempenho de relevantes cargos públicos — o que, ainda hoje, se verifica na forte presença de bacharéis em funções públicas (parlamentares ou não) e no acesso em geral aos postos da administração pública.

Além dos conhecimentos jurídicos, outra característica é fundamental ao "jurista-político": sua utilização como instrumento de engenharia da própria sociedade. Nos países ibero-americanos proliferou, advinda de Portugal e Espanha, uma legitimação do direito e de seus operadores como engenheiros sociais[5] — à medida que a adaptação entre leis e relações sociais é mais relevante em contextos (entre os quais o brasileiro) onde os costumes não têm a carga jurídica que possuem nos contextos britânico, norte-americano e outros.

Na emergência para o convívio democrático, a Ordem dos Advogados do Brasil desempenhava efetiva liderança da sociedade civil brasileira, qualificando suas lutas contra o autoritarismo militar, por meio da formulação de críticas das suas políticas e do próprio regime. A Ordem dos Advogados do Brasil (OAB) foi a principal impulsionadora da reivindicação por uma Assembleia Constituinte para superar a ordem autoritária, então vigente (Bonavides, 1988:460-461).

---

[5] Morse (1996, caps. "A escolha política espanhola" e "Liberalismo e democracia no contexto latino-americano").

Assim, importava a formação do relator da Constituinte, já que Bernardo Cabral nela ingressara após sua reinserção na vida pública, como dirigente da OAB, no período decisivo em que a "abertura política" do regime autoritário (pela qual se concediam algumas liberdades, como a volta de exilados ao país) era pressionada, pela sociedade civil e pela oposição democrática, a se converter em uma efetiva transição à democracia.[6]

A relatoria por um "jurista-político" também permite compreender a gama de inovações institucionais que a Constituição trouxe para o campo do direito — além do fortalecimento político da OAB como vanguarda da sociedade *em geral*, sendo ainda hoje a única entidade civil capaz de acionar, sem quaisquer condições, o Supremo Tribunal Federal (STF) como guardião da ordem constitucional.[7] Lendo os registros constituintes, constata-se a parceria política entre o relator Bernardo Cabral e outros membros da Assembleia Nacional Constituinte na reengenharia de instituições como: a criação da Defensoria Pública (com Silvio Abreu), a independência do Ministério Público (com Ibsen Pinheiro), o fortalecimento do Tribunal de Contas (com Vitor Faccione) e do Judiciário (com Michel Temer).

Portanto — especialmente para os operadores do direito no Brasil —, conhecer as tendências intelectuais subjacentes de Bernardo Cabral importa para a plena caracterização dessas atividades e do conteúdo político a elas associado. Como instituição de cultura, a Casa de Rui Barbosa contribui, assim, para o registro de uma cepa política, representada por Bernardo Cabral, da qual proviram as principais inovações institucionais no campo jurídico e para o exercício da advocacia em nosso país.

Outro aspecto, ainda mais essencial, que importava verificar, era a sua vocação conciliatória, já que *a própria dinâmica do processo* constituinte, *até o seu final*, fora fragmentária. Assim, era ne-

---

[6] Bonavides (1988) e Lamounier (1990). A política da "abertura" pelo último general presidente (João Figueiredo) consistiu em liberalizar o autoritarismo, permitindo o exercício limitado de algumas liberdades reclamadas pela oposição.
[7] Art. 103 da CF/88.

cessário localizar o exercício político da conciliação que redundara na Constituição. A confrontação da maioria constituinte (reunida no que foi alcunhado de "Centrão") com a Mesa Diretora da Assembleia — portanto, também com seu presidente — não permitia a Ulysses Guimarães a condução incontestável de sua recomposição.[8] Mesmo em plenário, onde se deu a efetiva formulação de propostas, Ulysses se expôs apenas nos tópicos onde não houvera contraposições entre o "Centrão" e a comissão de sistematização (Vianna Lopes, 2008:152-155).

Minha hipótese, confirmada pela consulta aos registros constituintes, era que, assim como a candidatura de Tancredo Neves fora imprescindível para *completar* (ampliando) a frente política — após a derrota da campanha nacional pelas "Diretas Já" — capaz de abortar a continuidade do governo autoritário[9] em 1984, a relatoria por Bernardo Cabral *da Constituinte* (função que exerceu, depois da rejeição do projeto das comissões, *com a anuência das lideranças* que cindiam a Assembleia) se orientou para a recomposição do processo constituinte, em 1988.

As negociações *plenárias* foram pautadas, de fato, pela reapresentação (reformulação) por Bernardo Cabral, agora como relator *da Constituinte*, de propostas da extinta comissão de sistematização. Então, por ele *temperadas* (como sugestões), elas permitiram confluir críticos e defensores do projeto — quando ambos os blo-

---

[8] Vianna Lopes (2008:115-118 e 122-129). O agrupamento de constituintes, apelidado de "Centrão" pelas esquerdas (apelido adotado por seus dirigentes, como Daso Coimbra e José Lourenço), se intitulava Centro Democrático e reuniu uma maioria de centro e centro-direita (onde a direita, como Amaral Netto, tentava influir) que fora capaz de impedir a aprovação do projeto da comissão sistematizadora *em bloco*, mas não resistiu às negociações plenárias, onde, progressivamente, foi se decompondo, até o final da Assembleia.

[9] Share e Mainwaring (1986). A emenda do deputado Dante de Oliveira, permitindo a eleição direta para a Presidência da República, não obteve os votos necessários no Congresso Nacional, em 1984. No mesmo ano, porém, a candidatura de Tancredo Neves, pelo principal partido da oposição (PMDB), foi vitoriosa no mesmo Congresso Nacional (que elegia o presidente da República, indiretamente) por reunir a maioria dos parlamentares oposicionistas e os dissidentes do regime autoritário — encerrando seu ciclo governamental.

cos não chegavam a acordos prévios às votações (Vianna Lopes, 2008:150-151): daí as semelhanças entre o texto do projeto rejeitado e a Constituição escrita. A aprovação da ampla maioria de seus pareceres em plenário (obrigatórios para cada proposta surgida) também corrobora sua condição de *tertius* constante do processo constituinte como um todo (Brasília, 1994, v. 1 a 24).

O conteúdo ideológico da aliança política que venceu a ditadura era, assim, o mesmo das coalizões que ordenaram a democracia constitucional. Com proporções variadas: na Assembleia Constituinte, o peso político de esquerdas e centro-esquerda fora pouco maior que na sucessão do governo militar (inclusive porque então já haviam sido removidos entraves autoritários à sua participação eleitoral). Mas a gama ideológica variada também confirma que, se uma larga frente terminou com o governo autoritário, foram, igualmente, tão amplas as articulações que também escreveram a Constituição democrática.

Encerro minha apresentação com a principal convicção adquirida, desde que comecei a pesquisar o processo constituinte: a de que a sociedade brasileira moderna comporta tendências tão equivalentes quanto contrárias. Compreender que nossa ordem constitucional é o resultado histórico de uma larga recomposição política, das vias diversas para o convívio entre liberdade e igualdade (acentuando, ora o Estado, ora o mercado), tem importantes consequências para o exercício do governo brasileiro. As disputas pela hegemonia governamental — por mais acirradas que sejam — têm de aceitar a impossibilidade de governar sem alguma composição adversária.

Implica reconhecer, como ressaltei em obra anterior (Vianna Lopes, 2010), que a arte política (e democrática) de governar o Brasil depende de confluir ambas as tendências em um projeto consensual de desenvolvimento nacional — e a ordem de 1988, ao contrário de opiniões que não vislumbram sua totalidade, fornece a governabilidade necessária para realizá-lo, *porque exige tal confluência* de igualdade e liberdade, de Estado e mercado. Só essa sinergia pode garantir ao nosso país o alargamento da inclusão social junto à competitividade econômica e torná-lo um polo de reconstrução ocidental na atual quadra da civilização.

Referências

BONAVIDES, Paulo. *História constitucional do Brasil*. Rio de Janeiro: Paz e Terra, 1988.

BRASÍLIA. Senado Federal. Secretaria de Documentação. Anais da Assembleia Nacional Constituinte 1994.

LAMOUNIER, Bolívar. *De Geisel a Collor*: o balanço da transição. São Paulo: Sumaré, 1990.

MORSE, Richard. *O espelho de Próspero*. São Paulo: Companhia das Letras, 1996.

SALLUM JR., Brasilio. *Labirintos*: dos generais à Nova República. São Paulo: Hucitec, 1996.

SHARE, Donald; MAINWARING, Scott. Transição pela transação: democratização no Brasil e na Espanha. *Dados*: Revista de Ciências Sociais, Rio de Janeiro, v. 29, n. 2, 1986.

VIANNA LOPES, Júlio Aurélio. *A carta da democracia*: o processo constituinte da ordem de 1988. Rio de Janeiro: Topbooks, 2008.

____. O consórcio político da ordem de 1988. In: CARVALHO, Maria Alice Rezende de et al. (Org.). *Constituição de 1988*: passado e futuro. São Paulo: Hucitec, 2010.

WERNECK VIANNA, Luiz Jorge. Os intelectuais da tradição e a modernidade: os juristas-políticos da OAB. In: ____. *Travessia*: da Abertura à Constituinte 1986. Rio de Janeiro: Taurus, 1986.

Depoimento de Bernardo Cabral,

relator da Assembleia Constituinte de 1987/88,
a Júlio Aurélio Vianna Lopes, pesquisador da Casa de
Rui Barbosa, em 24 de outubro de 2012 — primeira parte[10]

Em primeiro lugar, agradeço sua solicitude em me receber para colher seu depoimento, pois é uma oportunidade de esclarecer alguns aspectos do processo constituinte da atual Magna Carta e também um registro histórico para a advocacia brasileira, já que o senhor é um representante contemporâneo da longa linhagem de "juristas-políticos" que, desde o Império, têm permeado a política brasileira.

Não há o que agradecer. Você é um cientista político, doutor na matéria, doutor com diploma. No meu entendimento, o que você pretende com esta entrevista é fazer com que alguém, na posteridade, tome conhecimento do que se passou lá atrás.

---

[10] Esta entrevista foi gravada nas dependências da Confederação Nacional do Comércio (CNC), onde Bernardo Cabral exerce a consultoria da sua Presidência. A ela estendo meus agradecimentos e à equipe de gravação, a qual me acolheu da melhor forma possível. A segunda parte do depoimento foi coligida das perguntas que, posteriormente, lhe enviei.

É sempre bom dizer que a palavra, em determinados instantes, se sobrepõe à escrita. Por exemplo, quando o orador se dirige a um grande público, o público sente a reação dele, mas, se for lido, ele vai ver a fria letra que está à sua frente.

Você, como entrevistado, vai ter que unir as duas coisas. Você vai ter que transportar para o que você está fazendo, claro, com a tecnologia que existe hoje. Você sabe que, por detrás de uma câmera, existe um ser humano. Aquele maquinário que antigamente não tinha alma hoje passa a ter, porque ele também se envolve com o entrevistado, com o entrevistador, para dar um depoimento para a posteridade.

De modo que eu acho que esse é o tipo de entrevista em que marcamos um encontro com o futuro.

Antes de conversarmos sobre o processo constituinte, do qual o senhor foi relator, seria importante traçar sua trajetória anterior. Nesse sentido, gostaria que identificasse as principais influências em sua formação humana.
Sou filho de pais portugueses. Minha mãe tinha uma formação não só europeia, no sentido cultural — ela esteve na França a partir dos 15 anos, com os tios —, e meu pai, que acabou vindo para o Brasil porque meu avô, que era dono de algumas propriedades, não consentiu que ele fizesse — como gostaria — vestibular para a Universidade de Coimbra.

Minha formação humana deriva dos dois. Aprendi minhas primeiras letras com minha mãe, não só as letras em português, mas também em francês. Ao meu pai devo minha formação.

Um belo dia, para responder sua pergunta com objetividade, eu tinha 12 para 13 anos, meu pai me trouxe um livro do Camilo Castelo Branco. Era uma quinta-feira, ele me disse: *aproveita para ler no fim de semana, vê se tu gostas.* E me ensinava o que estava por trás de sua ideia, de seu objetivo.

Na segunda-feira, ele se virou e me perguntou: *que tal? Gostastes do livro?* Sim! Mas eu estava mentindo porque, no fim de semana, eu joguei bola de gude, joguei futebol. Naquela altura, enrolávamos uma meia em forma de bola e jogávamos na rua.

Ele me disse: *quer dizer que gostastes muito?* Eu comecei a ficar sem jeito e tive que ser sincero: *papai, eu não li.* E ele, com a tranquilidade maior, disse: *aproveite o fim de semana e leia; depois, trocamos ideias.* Aí, eu li.

Na segunda-feira, ele me ensinou a interpretar o que eu tinha lido. A partir daí, devo a meu pai ter lido Alexandre Herculano, Camilo Castelo Branco, Gil Vicente e outros grandes clássicos portugueses. Ele fez com que eu continuasse com a leitura dos clássicos, aos 15, 16, 17, 18 anos, com uma técnica que me ensinou: todo santo dia, à noite, quando eu ia deitar, ele me obrigava a ler por uma hora. Foi assim que eu li Machado de Assis, nossos grandes clássicos da língua portuguesa e os autores brasileiros.

Até hoje, sempre leio alguma coisa antes de deitar porque, lá atrás, ele me ensinou isso. E digo sempre que, na formação humanística de cada pessoa, a leitura é fundamental. Na minha época havia os cursos clássicos, você tinha que fazer curso de humanidades. Quem não tem boa leitura jamais saberá escrever e jamais será bom orador. De modo que devo essa formação, em princípio, ao meu pai.

Não posso esquecer três professores que tive. Minha professora da infância se chamava Felícia Mesquita, cujo filho — e aí é uma grande coincidência — foi para a Inglaterra e lá se diplomou. Quando voltou para o Brasil, foi para Manaus e fez concurso para o Ginásio Amazonense Pedro II, a exemplo do Pedro II do Rio de Janeiro, hoje Colégio Estadual do Amazonas. Ele fez concurso para a cátedra de língua inglesa e, depois, foi meu professor de inglês.

Nessa caminhada, tive o professor Vicente Blanco, brasileiro, diplomado em Coimbra.

A essa gente toda devo muito. Mas não posso esquecer que ao meu pai e à minha mãe devo, sobretudo, a minha formação ética, de dignidade, de decência, de moral. Foi com eles que aprendi a dizer que, quando assumimos um compromisso, nós o cumprimos. A eles, devo tudo isso.

O que o levou ao direito? Quais foram suas atividades iniciais como operador jurídico?

Essa pergunta é muito interessante, em primeiro lugar porque não passava pela minha cabeça que fosse fazer direito. Minha ideia era ser engenheiro.

Na minha época, tínhamos quatro anos de ginasial e três de científico ou três de clássico. Quem fizesse clássico, ia para direito; quem fizesse científico, ia para as ciências exatas, engenharia. Eu queria ser engenheiro.

Como tinha feito um bom curso de inglês, falava inglês fluentemente, consegui uma bolsa de estudos para os Estados Unidos. Em janeiro de 1949, essa bolsa me chegou às mãos.

Eu estava me preparando para isso quando, em 15 de maio de 1949, naquela altura eu estava com 17 anos, meu irmão com 27 anos foi brutalmente assassinado. Isso foi uma reviravolta na família inteira. Minha mãe ficou um mês sem comer, meu pai sofreu, e eu ficava com a ideia de matar o assassino do meu irmão. Minha mãe dizia: *tira isso da cabeça, porque não quero chorar um filho morto e outro na penitenciária.*

O assassino do meu irmão era um policial e o espírito de corpo funcionou muito em favor dele. O inquérito não andava, a polícia não se movimentava. Resolvi, então, ao invés de viajar — minha mãe não queria que o filho fosse para o exterior —, fazer vestibular para a Faculdade de Direito. Fui aprovado.

Primeiro, segundo, terceiro, quarto ano — no quarto ano, naquela altura, você tirava uma Carta de Solicitador, que era concedida pelo Tribunal de Justiça do Estado. Essa carta não deixava você fazer nenhuma petição inicial para propor uma ação, mas você podia funcionar como assistente de promotoria ou assistente de um escritório cível.

Eu havia tido, desde a primeira prova parcial, testes com meu professor de direito civil. A partir daí, já estava ao lado do direito civil. Como a coisa era penal, consegui que um promotor muito corajoso, que não teve medo de enfrentar a polícia, levasse adiante o inquérito. Denunciou, e mais corajoso ainda foi o juiz de direito. O promotor se chamava Hugo Cintra; o juiz de direito, Elisiário de Andrade Lima, ambos já falecidos. Um foi desembargador, o outro também teve uma carreira brilhante.

O policial foi submetido ao Tribunal de Júri. No primeiro julgamento, foi condenado a 13 anos; no segundo julgamento — eu já estava no final do meu curso de direito —, ele foi condenado a 20 anos.

O Código de Processo Penal permitia que quem fosse condenado a 20 anos tivesse um novo julgamento. O júri era automático. Ele foi ao terceiro júri. No terceiro, já era eu bem calejado e ele tinha três advogados de defesa — um deles era meu professor na Faculdade de Direito e eu só tinha aquela questão penal contra o assassino do meu irmão.

Júri é um pouco de teatro e comecei a acusação nesse último julgamento fazendo a saudação aos membros do corpo de jurados, dizendo: *Me encontro aqui, com uma procuração dos meus pais, para acusar o matador do meu irmão.* E apontei para ele.

Meu professor de direito penal na Faculdade de Direito era um homem brilhante e ficou olhando para mim. Lá pelas tantas, eu sabia o processo de cor, todas as folhas, e tinha havido alteração na numeração para o terceiro júri. Claro, ele não tinha tempo, nunca havia perdido uma questão. Ele fez uma citação, pedi um aparte e disse: *Vossa Excelência está faltando com a verdade. Isso não está escrito nessa página.*

Eu sabia qual era a página. Ele pegou a página e realmente lá não estava. Aproveitei, malandramente, virei para o júri e disse: *Conheço as manhas de Vossa Excelência, meu professor!* Ele parou e me deu uma reprimenda: *Você é muito moço para conhecer as manhas de um advogado do tribunal de júri.*

Eu levei vantagem e aí foi a primeira derrota do meu professor. Depois, ficamos muito amigos, mas isso marcou muito. Não segui a carreira de penalista, mas fiz concurso para promotor. Naquela altura, eu queria acusar todas as pessoas que tivessem cometido assassinato.

No meu curso de direito, fui o primeiro lugar. O segundo lugar coube a um colega, era brilhante, depois foi promotor, Antonio

Trindade. Quando fizemos concurso para promotor, ele tirou o primeiro e eu tirei o segundo lugar. Mas eu não quis seguir a carreira de promotor de justiça; fiquei só com o título para defender, no futuro, um concurso para catedrático.

Essa foi a razão por que fui fazer direito: o assassinato do meu irmão.

Sou um homem tranquilo e modesto, quero que saiba disso. E cultivo minhas amizades desde muito cedo, pois aprendi isso com meus pais. Não tenho nada de arrogante. Vou ser sempre *low profile*, longe do palco iluminado. Fico na plateia.

O que o levou à política? Quais foram suas primeiras atuações públicas?
Isso é outra história. Jamais imaginei ser político partidário. Na Faculdade de Direito, minha geração tinha o curso seriado. Você começava com seus colegas do primeiro ano e ia até o quinto. Depois do golpe militar, em 64, modificaram para créditos, a fim de acabar com a coesão que havia, sobretudo, nas universidades. Na Faculdade de Direito, geralmente encontrávamos os primeiros passos para quem queria ser político, com a eleição do diretório acadêmico.

Todos queriam que eu fosse para o diretório acadêmico porque nos concursos de oratória em que havia me metido — fui orador da minha turma na Faculdade de Direito e me saí vencedor. Mas não queria ser político e geralmente ajudava um companheiro que começou comigo desde a primeira série ginasial até a quinta série da Faculdade de Direito. Sempre fomos colegas e o indiquei para ser o presidente do diretório acadêmico. O nome dele é Antônio Miguel Raposo da Câmara. Eu dizia: *Antônio, você vai ser*. Ele não queria saber daquilo, e eu dizia: *Não, nós temos que tomar conta do diretório*.

A partir daí, fazíamos uma política interessante. Havia os centros culturais na faculdade, onde você disputava, declamava, fazia concurso de oratória, júri simulado. De uma hora para outra, no meu discurso de formatura, fui muito agressivo com as aposentadorias escandalosas, com o lado político que estava acontecendo, sempre fui *"ruísta"*, admirador de Rui Barbosa, e talvez por isso que esteja dando esta entrevista.

Curiosamente (me formei em 54), oito anos depois, em 62, conversei com alguns amigos: *Nossa Assembleia Legislativa está sendo um desastre, precisamos melhorar o nível.* Eram pessoas que falavam mal, não interpretavam bem o sentimento popular. Uns cinco colegas meus me meteram nisso e acabei me elegendo. Fui o deputado estadual mais votado, depois deputado federal também mais votado. Dos 30 deputados, só cinco éramos de oposição.

No segundo ano de mandato, disse para minha mulher: *Não vou ser mais político, já vi que essa história não é para nós.*

É que havia apresentado um projeto de lei criando a Secretaria de Segurança, que foi imediatamente torpedeado. Eu refleti: *Eles não querem absolutamente nada, não estão voltados para os interesses da coletividade e sim para suas ambições pessoais. Não vou mais!* Eu me elegi em 62, isso foi em 64.

Nesse ano, houve o golpe militar. O governador do estado, Plínio Coelho, foi cassado. O general Castelo Branco, que era o presidente da República, mandou para Manaus o general Jurandir Bizarria Mamede para fazer a eleição do governador Arthur César Ferreira Reis, de forma indireta.

A Constituição do Estado dizia que, quando o governador do Estado não tivesse cumprido mais de dois anos de mandato, teria que ser feita nova eleição. Fui chamado para uma reunião com o general na sua casa, que ficava bem próxima da Assembleia, na esquina — para tomar parte na eleição do Reis.

Respondi ao convite que não tinha nada contra o Reis, um grande amazonense, um homem que conhecia muito a história do Amazonas, mas que não iria à casa do general. Eu tinha 30 anos, estávamos no auge da revolução, em 1964, e exclamei: *O general que venha ao lugar onde tem que ser decidido isso, e o fórum competente é a Assembleia Legislativa.*

O líder da revolução no governo falou: *Você está sendo acintoso, nós vamos lá.* Eles foram, eu não fui.

Criaram um estupro constitucional, conforme eu defini: era um Ato Adicional, a exemplo do ato institucional, mudando a regra da eleição, transformando-a em eleição indireta.

No dia da eleição indireta, éramos 30 deputados e eu fui o quinto a votar. O presidente da Assembleia não queria permitir, mas eu desejava fazer uma declaração de voto. Ele sabia que eu ia torpedear, até que ele concordou. Fiz uma declaração de voto dizendo que, induvidosamente, estava se cometendo um estupro constitucional. Não tinha nada contra o nome indicado, Arthur Reis, mas tinha pelo menos o dever de ser coerente com o que havia estudado na Faculdade de Direito. E o meu curso de direito constitucional não me dava nenhum ânimo para que eu o violentasse, por isso, votava contra.

Isso foi, sem que imaginasse, uma reviravolta na minha vida. Dos 30 deputados, fui o único que votou contra. Não digo que tenha sido pela coragem, mas pela posição, pela ética que me acompanhava.

No dia seguinte, os jornais todos estamparam: *Bernardo — único voto discordante*. E me transformei em líder da oposição, sem querer. Tentaram cassar meu mandato naquela altura, mas o Arthur Reis, que me conhecia, foi um homem muito corajoso. No dia da sua eleição, já eleito, perguntou em público quem tinha sido o deputado que havia votado contra ele. Eu levantei meu braço. Ele olhou para mim e disse: *O senhor é muito moço, mas salvou a si mesmo, salvou a dignidade desta Casa.*

Ele me admirava, mas eu era oposição, e não tive outro caminho. A Revolução criou dois partidos: o antigo MDB (Movimento Democrático Brasileiro, de oposição política) e a Arena (Aliança Renovadora Nacional, de apoio ao regime de 1964). E o Arthur Virgílio, pai do Arthur Virgílio que foi senador, que hoje é candidato a prefeito na capital do nosso estado, também era senador da República. Ele me disse: *Bernardo, você agora vai ter que ser deputado federal, não tem como.* E fundamos o MDB, ele e eu. E me elegi deputado federal com 18% de toda a votação da capital, marco na história político-eleitoral de Manaus.

Ao chegar à Câmara, pelo MDB, éramos uma turma de jovens. O deputado Mário Covas tinha mais três ou quatro anos que eu. Nós nos reunimos e disse: *Mário, você vai ser nosso candidato a líder da oposição*. O Mário, apesar de ser engenheiro, era um bom orador. Fizemos uma reunião com os deputados jovens e conseguimos eleger o Mário. O outro candidato era o Oswaldo Lima Sobrinho, respeitado parlamentar de Pernambuco.

Com 15 dias de Câmara, ocupei a tribuna no Grande Expediente e fiz um discurso violento contra a internacionalização da Amazônia. Esse discurso me deu a primeira vice-liderança do Mário Covas.

No dia em que Mário Covas estava em São Paulo e que se abriu o processo legislativo contra Márcio Moreira Alves, eu [fui] o primeiro orador — você vai encontrar isso no *Jornal do Brasil*, no *Diário de Notícias* do dia 13 de dezembro, dia em que foi editado o Ato Institucional. Em função disso, ou quem sabe também por isso, acabei sendo cassado. Perdi meu mandato de deputado federal e tive meus direitos políticos suspensos por 10 anos, e a interrupção da minha carreira de professor universitário. Foi exatamente em função do Ato Institucional nº 5. Essa é a história da política. Ressalto que cumpri toda a punição, isto é, não fui beneficiado pela anistia que veio mais tarde.

E a quais atividades se dedicou enquanto durou seu banimento político pelo regime autoritário — já que o senhor nunca foi anistiado pelos militares?
Eu fui cassado pelo Ato Institucional nº 5, de 1968, e como sou da turma de 1954, tinha 15 anos de formado, de experiência profissional.

Mas houve um episódio. Quando fui cassado e perdi os 10 anos de direitos políticos, me encontrava no Rio de Janeiro. Havia um Estatuto do Cassado, oriundo do governo militar, que proibia que você saísse do local em que você havia sido cassado. Você não tinha carteira de identidade, não tinha título de eleitor, não podia ter conta em banco oficial. Era uma espécie de pária no seu país e não podia sequer me movimentar para ir para o meu estado, onde minha mãe morava.

O que eu fiz? Fui advogar, que era a única coisa que eu sabia. Não podia ser professor, porque estava proibido; não podia fazer concurso público nenhum; não podia ter alvará de licença, porque a Revolução proibia. Era um negócio terrível. Hoje, está esmaecido na cabeça do povo, mas éramos muito perseguidos e maltratados.

Fui advogar no escritório de um pernambucano, Haroldo de Melo, meu amigo, mais velho que eu. Eu tinha 36 anos quando fui cassado, ele estava com 50, mas já éramos amigos desde quando era eu universitário e ele advogava no Rio de Janeiro.

O escritório dele era composto de uma sala tão pequena que, quando entrava um cliente dele, eu tinha que ir para a janela e disfarçar, porque não dava. As causas que eu eventualmente levava, eu tinha 50%, mas nas do escritório trabalhava de graça. Meu filho era pequeno, tinha 10 anos, e assim fui sustentando a família.

Um belo dia me encontro com um cidadão que tinha sido meu colega na Câmara Federal. Ele tinha uma empresa de engenharia no Rio de Janeiro e me chamou para ser o advogado. Ele era deputado federal ainda e queria que eu redigisse os discursos dele e os pareceres. Tudo bem.

Uma semana depois, ele me chamou: *Bernardo, tenho que te confessar que um delegado da Polícia Federal veio à minha empresa e disse que eu estava com um deputado federal cassado prestando serviços a mim. Ele me aconselhou a dispensar os teus serviços.* Eu disse: *Nenhum problema.* Ele me disse: *Não farás mais nada, vou te desfiliar, mas eu pago.* Eu disse: *Não quero nada.* E não quis absolutamente nada, uma vez que não prestaria nenhum trabalho.

Isso foi em abril ou maio. Em dezembro, ele chegou ao nosso apartamento, um apartamento de sala e quarto, na Belfort Roxo, em Copacabana, e disse: *Bernardo, estou te trazendo um presente de Natal.* Eram duas passagens aéreas para eu ir a Manaus ver minha mãe, na companhia de minha esposa.

Aquilo me tocou o coração. Primeiro, não tínhamos mais nos falado e não podia imaginar como eu compraria uma passagem aérea para ir ver minha mãe. Não podia me ausentar, não tinha carteira de identidade, e eles pediam a carteira no aeroporto. Meu nome parlamentar era Bernardo Cabral, mas meu nome é José Bernardo Cabral. Fui para o aeroporto com minha mulher, íamos correr o risco. Quando me pediram a identidade, eu dei a carteira de motorista, que estava em validade. O cara foi na letra J e não tinha nada. Se ele tivesse ido na letra B, ele teria me batido. Fui ver a minha mãe e voltei.

Dez anos depois, já com um escritório de advocacia próprio e bem-sucedido, era secretário-geral da Ordem dos Advogados. Eu me elegi em 79 em chapa avulsa, não fui contemplado em nenhuma chapa, eu era cassado. Devo muito à OAB. Foi a Ordem dos Advogados que me acolheu, que foi independente. Àquela altura, o presidente da Ordem, José Ribeiro de Castro Filho, antes do Raymundo Faoro, ambos bons presidentes, mas o José Ribeiro foi quem enfrentou a Revolução. Queriam, na sua gestão, que ele desse os nomes das pessoas que formavam a chapa e ele mandou dizer ao Ministério do Trabalho que a Ordem não era subordinada ao governo militar. E não deu. Com isso, mais tarde pude concorrer em chapa avulsa e me elegi secretário-geral.

Nessa época, aquele meu amigo que me deu as duas passagens para ver minha mãe me encontra e diz: *Bernardo, estou em situação pré-falimentar e posso sair disso com uma concordata. Estão me perseguindo e não tenho condições de enfrentar isso. Você seria meu advogado?* E eu respondi: *Claro, com muito prazer.* Ao longo de seis ou sete meses, o salvei da falência. E aí vem a história bonita dele. Ele foi com o talão de cheques para saber quanto me devia de honorários. Eu disse: *Já estão pagos. Como? Com aquelas duas passagens que você me deu, no Natal.*

Essa é parte da vivência da minha vida profissional aqui no Rio de Janeiro. Como tivemos um episódio sangrento, difícil, na época do Seabra Fagundes, o filho, presidente da Ordem, quando era eu o secretário-geral, houve a bomba na OAB, que matou dona Lida, nossa secretária. Seabra Fagundes foi muito corajoso, enfrentou, e eu estive ao seu lado como secretário-geral.

Da secretaria-geral, fui candidato a presidente, não com o apoio do Seabra Fagundes. O candidato dele era o Sepúlveda Pertence, mais tarde, ministro do Supremo. Bom companheiro, competente, era ele o vice-presidente do Conselho Federal e eu o secretário-geral. Disputamos e, para minha sorte ou para azar dele, eu o derrotei com 70% da votação. Nós percorríamos o país inteiro apresentando nosso projeto, na base do discurso, com muita lealdade e transparência.

Hoje em dia, a eleição na Ordem tem uma propaganda muito grande, inclusive na imprensa. Naquela época era diferente.

No decorrer dos primeiros 30 dias na presidência, uma nova circunstância para mim. Na véspera do 1º de maio, uma bomba explodia no Riocentro. Reuni Barbosa Lima Sobrinho, que era meu amigo, e o presidente da Academia Brasileira de Educação, Benjamin Albagli. Fizemos uma nota violenta. Participávamos, todos os três, como membros-natos do Conselho de Defesa do Direito da Pessoa Humana. Ao ser a nota publicada, um general mandou um recado desaforado para mim. Alguém me perguntara na entrevista a quem eu atribuía aquela bomba e eu disse: *Procure nos porões do Palácio do Planalto.*

Destacou um coronel com a mensagem verbal: *O general fulano de tal mandou lhe dizer que vai lhe processar pela Lei de Segurança Nacional. O senhor vai ser cassado e perder seus direitos políticos.* Eu disse para ele: *De novo? Já fui cassado, já perdi dez anos, não posso ser processado pelo mesmo crime.*

Com isso, foram dois anos de mandato, sempre ameaçado. Havia um tal Comando Delta, que telefonava para minha mulher de madrugada — naquela altura, não havia o identificador de chamada —, e diziam: *Vamos matar teu marido, vamos estuprar tua neta.*

Chegou a tal ponto que telefonei para o ministro da Justiça pedindo que avisasse a Polícia Federal para me dar segurança. Ele me disse: *Não use o seu carro. Pegue um táxi e siga seu caminho.* Foi isso que recebi como sugestão.

Tirei os dois anos, nunca cedi e nunca concedi. De modo que essa é um pouco da história da minha passagem pela Ordem. Como cassado, eu podia ser presidente da Ordem, mas não podia ser candidato. Repito: cumpri a pena toda, não fui beneficiado pela anistia. Havia uma proibição de votar, até porque não tinha título de eleitor, o que só obtive muitos anos depois.

Com a convocação das eleições constituintes e parlamentares de 1986, às quais uma emenda constitucional conferiu a elaboração de uma nova constituição, o senhor se candidatou a deputado federal pelo Amazonas, pois então já haviam decaído as restrições autoritárias de seus direitos políticos. Quais motivos o levaram à candidatura neste contexto de reconstitucionalização democrática?
Isso é outra história. Primeiro, não pensava mais em voltar à política. Tanto que nas eleições de 1982, quando estavam liberados os candidatos a governador, a deputado federal, inclusive para os cassados, eu era presidente da Ordem. No meu segundo ano, fizeram tudo para eu ser candidato e eu disse que não seria candidato, que não faria da Ordem um trampolim para uma candidatura parlamentar. E não aceitei.

Em 1985, com o Brizola governador, fui contemplado com o título de Benemérito do Rio de Janeiro. Eu já tinha o título de Cidadão do Rio de Janeiro, tanto pela Câmara quanto pela Assembleia. Na solenidade de Benemérito, o governador Brizola compareceu à solenidade.

Vieram, de Manaus, o presidente do Tribunal de Justiça, desembargador Lafayette Carneiro Vieira, o governador do estado, Gilberto Mestrinho, e, após a concessão, no coquetel, o Brizola disse: *Bernardo Cabral vai ser candidato pelo Rio de Janeiro à Constituinte*. Não sou *candidato*, respondi.

Houve uma discussão entre Brizola e Gilberto Mestrinho. Disse o Mestrinho: *Bernardo é amazonense*. Disse o Brizola: *Não, Bernardo é hoje cidadão do mundo*. Assim mesmo, com aquela exuberância que o Brizola tinha. Ele falou: *Vai ser candidato do Rio* de Janeiro, já fez aqui a residência dele, está aqui há 20 anos. Eu me virei para ele e disse: *Não pretendo ser candidato.*

Como presidente da Ordem lutei muito pela convocação de uma Assembleia Nacional Constituinte. Não briguei isoladamente, apenas segui os presidentes anteriores, que tinham lutado por isso.

Um belo dia, com esse convite, eu fui ao Faoro, que era um exemplar advogado, e falei: *Faoro, está me pesando na consciência não sermos candidatos.* Ele virou-se, com toda sinceridade, e disse: *Vai tu ser candidato. Eu não vou porque nessa história de política vem lama para cima da gente.*

Nessa altura, o Mestrinho vai à minha casa, no Rio de Janeiro, Copacabana, no mesmo apartamento em que moro há 37 anos, e me faz o convite: *Você não pode ser candidato pelo Rio de Janeiro, você tem que ser pelo Amazonas, você brigou pela Assembleia Geral Constituinte.* Eu fiquei de pensar.

Nesse meio-tempo, assisto a uma entrevista de um cara do Rio de Janeiro que ia ser candidato. Ele falou tanta tolice, mas tanta tolice, que virei para minha mulher e disse: *Esse cidadão é que vai escrever a Constituição para a gente.* Ela virou-se para mim e disse: *Pois é.* E não disse mais nada. Isso me levou a ser candidato.

Eu havia sido eleito deputado estadual e devia ao meu estado a gratidão de ter nome na Constituinte. Sem falsa modéstia, eu levaria para lá a candidatura de um ex-presidente do Conselho Federal da OAB. Tanto isso é verdadeiro que fui o deputado federal mais votado para a Assembleia Nacional. E aí é outra história.

Ao contrário de todos os relatores das demais comissões da Assembleia Constituinte — indicados pelos líderes partidários — o senhor foi eleito pela bancada constituinte do PMDB, para ocupar a relatoria da comissão de sistematização das propostas que surgissem. Como foi a disputa interna, na bancada peemedebista, pela relatoria desta comissão — a mais importante da Assembleia Constituinte? Já está comprovado que você é um pesquisador nato. Você não é só doutor em ciência política!

Quem conhece como funcionou a Assembleia Nacional Constituinte, sabe que tínhamos oito comissões temáticas. Quem pega a Constituição vai ver que os títulos são das comissões temáticas. Cada comissão temática se subdividia em três subcomissões. Havia um topo, que era a Comissão de Sistematização. Quem figurasse nessa é que iria escrever a Constituição, sobretudo o relator, figura principal. Como eram escolhidos os relatores? Nas oito comissões temáticas, o líder do partido majoritário, que era o PMDB (Partido do Movimento Democrático Brasileiro), o Mário Covas. O segundo partido era o PFL (Partido da Frente Liberal), o José Lourenço. Quando o Mário Covas escolhia o presidente da comissão, cabia a relatoria ao segundo, que era o José Lourenço. E vice-versa. Só que quem tinha a primazia da escolha era o Mário Covas, o líder do partido. Se ele escolhesse a relatoria, a presidência cabia ao PFL. E foi assim nas oito comissões temáticas, nas subcomissões. Não houve nenhuma discrepância, nenhuma discordância.

Quando se chegou à Comissão de Sistematização, quiseram homenagear Afonso Arinos de Melo Franco, senador, um grande professor de direito constitucional. Quando houve uma comissão de notáveis para fazer o esboço da Assembleia Nacional Constituinte, ele havia sido presidente dessa comissão. Aí, o PFL pediu ao Mário Covas que queria que a presidência coubesse ao Afonso Arinos, do PFL. A relatoria, então, da Comissão de Sistematização seria do PMDB.

Houve um impasse. Dizia-se que o Tancredo Neves, que foi a grande figura para a convocação da Assembleia Nacional Constituinte, tinha a preferência pelo líder do PMDB na Câmara, o mineiro Pimenta da Veiga — bom líder de partido, que depois chegou a ser ministro de Estado.

O Ulysses, que era paulista e presidente da Assembleia Nacional Constituinte, tinha preferência pelo líder do PMDB no Senado, o senador Fernando Henrique Cardoso. Começou a haver um choque entre essas duas figuras.

Quando eu soube disso, pedi uma reunião e disse ao Ulysses: *Não concordo, porque o Fernando Henrique é um homem de talento, é sociólogo, mas não é advogado, não tem vivência com o direito; o Pimenta da Veiga é um advogado recém-formado há quatro anos. E eu fui presidente da OAB e tenho pretensões à liderança.*

O Ulysses, que era um sábio, por natureza política, um cara correto, vira-se e diz: *Já tenho um líder e dois correlatores.* Ele estava fazendo uma maldade, porque não se sabia quem seria o líder e os dois correlatores.

Salta um deputado do Maranhão e faz um discurso longo, absolutamente procedente e pertinente. Ele disse: *Nós brigamos pela convocação de uma Assembleia Nacional Constituinte, pelo retorno ao estado de direito, estamos aqui escolhendo apadrinhados. Quem tem que escolher é a bancada, a bancada é que tem que decidir.* Os dois logo aceitaram, porque ambos tinham em suas bancadas mais de 30 deputados federais, e o Amazonas só tinha três deputados do PMDB. Eu era um deles, então, comigo, só teria mais dois votos. Não tive como não aceitar uma convocação dessa natureza, se havia lutado pela Assembleia Nacional Constituinte.

E fomos para a assembleia de todos os parlamentares do PMDB, tanto do Senado quanto da Câmara — todos éramos constituintes, não havia nome de deputado ou senador constituinte. Mas isso é outra história, que conto daqui a pouco.

E como foi o confronto no interior da bancada, da sua candidatura com as demais candidaturas de Minas e de São Paulo?
O Ulysses Guimarães convocou todos os parlamentares constituintes que integravam o PMDB. Fomos sorteados. O primeiro a falar seria o Fernando Henrique; o segundo, eu; o terceiro, Pimenta da Veiga. E assim aconteceu.

O Fernando Henrique fez seu discurso dizendo por que pleiteava a relatoria. Quando me deram a palavra, minha preocupação única foi desbancar o discurso do Fernando Henrique e prejudicar o que pudesse dizer o Pimenta da Veiga.

Comecei dizendo: *Quero dizer aos meus companheiros que talvez não saibam que fui um deputado federal cassado, perdi dez anos de direitos políticos, perdi meu mandato, interromperam minha carreira. Não vou ser um relator que tenha medo de dizer o que pensa ou de fazer composição com os outros colegas constituintes — que não será o caso. Fernando Henrique acabou de falar e provavelmente o outro líder na Câmara, Pimenta da Veiga, ambos meus colegas, que respeito, mas não têm essa independência.*

Nenhum dos dois havia sido cassado. Com esse discurso eu passei meu recado. Depois, veio Pimenta da Veiga, sem jeito, claro.

Na apuração, Fernando Henrique teve 81 votos; Pimenta da Veiga e eu tivemos 86 votos. Fernando Henrique foi eliminado. E fomos para a segunda votação.

Na segunda votação, cada um se estendeu como pôde. Tive 111 votos, e o Pimenta da Veiga, 90. Contra a cúpula, acabei sendo relator da Comissão de Sistematização. Eleito pela bancada, fui com força para a relatoria, não devia favor a ninguém, a nenhum dos líderes, a não ser ao voto dos meus colegas e à eventual confiança que eles depositaram em mim.

Essa foi a história do confronto que marca a exata escolha. Houve um cidadão que chegou a escrever um livro e, de forma desavergonhada, declarou que ele havia me nomeado relator da Constituição e depois havia me demitido de relator da Constituição.[11] Quer dizer, o lado histórico, para quem lê uma obra dessa natureza, deduz que é um cidadão que tinha uma raiva enorme — não pronuncio o nome dele porque sinto asco em fazê-lo — da Assembleia Nacional Constituinte. Antes de ser relator, ele já brigava contra a história que precedeu os trabalhos da Assembleia Nacional Constituinte, dizendo que os constituintes foram eleitos para tratar de ovos, de galinhas. Uma coisa deprimente.

---

[11] Trata-se do livro de Saulo Ramos, *O código da vida* (Saraiva), autobiografia na qual o autor (notoriamente contrário a uma nova Constituição para o país), ex-consultor do presidente da República José Sarney, se gaba de ter ludibriado muitas pessoas em sua vida privada e pública. Foram tantos os contestadores da veracidade de suas estórias que Marcio Chaer resumiu algumas contestações no artigo "Lorotas a granel" (revista *Consultor Jurídico* de 27 jun. 2007).

Eu me lembro que o deputado Brandão[12] fez um discurso passando-lhe uma descompostura enorme, e esse cidadão era consultor geral da República, aconselhava o presidente da República de então, o Sarney. Eram coisas inacreditáveis e, uma delas, terrivelmente inacreditável, era que, se houvesse a Constituição, o país seria ingovernável.

Embora a elaboração de uma nova Constituição já fosse uma necessidade reconhecida pela sociedade brasileira — dado o engajamento de todas as lideranças partidárias do país e de 83 emendas populares com mais de 4 milhões de assinaturas —, o processo constituinte ainda continuava sendo questionado.

Em qual sentido sua publicação, pela própria Assembleia Constituinte, da obra O poder constituinte: fonte legítima — soberania — liberdade *(1987) contribuiu para o debate público sobre a legitimidade de uma nova Magna Carta para o país?*

O país estava saindo de uma excepcionalidade institucional para um reordenamento constitucional. Havia necessidade de ser convocada a Assembleia Nacional Constituinte, como foi, para a elaboração de uma nova Constituição.

Nos primeiros meses, houve um trabalho — e não me refiro ao nome do autor porque ele não merece ser citado — dizendo que não havia legitimidade nessa Assembleia Nacional Constituinte. Fiz uma plaqueta dizendo que a Assembleia Nacional Constituinte tinha poder legítimo, era oriunda do povo e só quem poderia conferir legitimidade à Assembleia Nacional Constituinte era o povo.[13]

Todas as nossas Constituições são oriundas de uma excepcionalidade, de uma ruptura constitucional. Em 1824 houve a ruptu-

---

[12] Trata-se do deputado Brandão Monteiro, então líder do PDT na Assembleia e falecido em 1991.

[13] O livro *O poder constituinte: fonte legítima — soberania — liberdade*, cujo autor foi Bernardo Cabral e cuja edição foi da própria Assembleia Constituinte, se opunha aos argumentos do então consultor da República, Saulo Ramos, favoráveis à manutenção da Constituição de 1967.

ra do Brasil e Portugal — d. Pedro I decretou a independência do Brasil; em 1889, proclamação da República, nova ruptura, com d. Pedro II. Em 1934, a ruptura constitucional com a Revolução de 30; em 45, quando Getúlio Vargas foi apeado do poder; em 64, tivemos ruptura constitucional. Havia um presidente da República que fora banido do país. O governo militar instituiu uma nova administração, escolhida da forma que conhecemos, e editou um ato institucional que cassou, baniu brasileiros, aposentou precocemente. Isso tudo cedia lugar à Assembleia Nacional Constituinte.

Feita a convocação, permitiu ela que se elegessem constituintes. Havia apenas uma dúvida: o remanescente de senadores que não haviam sido eleitos, a não ser um do Amazonas, que teve coragem e, mesmo tendo mandato por mais quatro anos, se candidatou e ganhou a eleição, o Fábio Lucena,[14] saudoso, já falecido. De qualquer maneira, a Assembleia Nacional legitimava esse quadro.

O tal cidadão dizia que não havia legitimidade. Mas como? Só o poder emana do povo e, em nome dele, é exercido.

Provei, citei todas essas histórias, isso foi em 1987, e nunca deu ele resposta a isso. Um cidadão, admito que aí eu dizia quem era o autor das diatribes contra a Assembleia Nacional Constituinte. E não deu porque tinha eu um mandato na mão. Depois não deu porque fui ministro da Justiça. Depois não deu porque fui senador. Esperou todos esses anos e, decorridos 17 anos, foi quando falou que ele é quem havia me nomeado relator. Deu vazão ao seu recalque. Nas críticas que ele fazia à Constituinte e ao relator, ele se esparramava na poltrona do deboche. E por isso ninguém o levava a sério.

Quando você me pergunta "dada a circunstância", tinha que ser logo criada, e foi isso que fizemos. Tratamos de fazer, não houve nenhum esboço prévio. As outras constituintes, todas, tiveram um esboço prévio feito por juristas.

---

[14] Trata-se do senador (AM) Fabio Lucena, que, mesmo já sendo senador com mandato inacabado, se candidatou ao mesmo cargo para participar da Assembleia Constituinte. Faleceu em 1987.

A de 1988 é fruto do povo que circulava, das emendas populares que você acaba de citar, muitas delas aprovadas, todos participavam. Os corredores da Assembleia Nacional Constituinte eram apinhados de gente, cada um fazendo seu *lobby* legítimo, todas as correntes. De modo que essa Constituinte é, sem dúvida nenhuma, fruto exclusivo da vontade popular.

O projeto constitucional, formulado pela Comissão de Sistematização, gerou reações fora e dentro da Assembleia. Foi surpreendente a radicalização crítica do governo Sarney (que acusava o texto de tornar o país ingovernável) e a aglutinação momentânea da maioria da Assembleia no "Centrão" (cujo movimento era uma ampla frente dos variados descontentamentos com o projeto)?
Uma coisa boa na vida do ser humano é ele comprovar que a história corrige injustiças. É verdade.

Visto hoje, à distância, não se pode, como se fez naquela altura, censurar o "Centrão". O "Centrão" se impôs, ou foi criado no sentido de evitar que as lideranças tomassem conta da Assembleia Nacional Constituinte. Eram os líderes que decidiam. Alguns constituintes se sentiam marginalizados, constituintes de segunda classe.

Começaram a verificar que não era possível que não se criasse um órgão, um segmento, como foi o do "Centrão", para aparar os excessos. Havia uma corrente que era exageradamente à esquerda; outra, exageradamente à direita; e havia a que queria ficar no centro, daí a autodenominação de "Centrão".

Esse "Centrão", sem dúvida, acabou contribuindo com o relator — como diz o nome, Comissão de Sistematização — que tinha a precípua missão de sistematizar os textos vindos das comissões temáticas, aparando, cortando, suprimindo.

O texto final, com mais de 2 mil artigos, foi reduzido a 245. Eu sofri. Todas as coisas que são ruins na Constituição debitam a mim; as boas, se esquecem de que também participei delas.

Quanto a essa história de que o texto constitucional ia levar o país, como foi dito pelo próprio Sarney, a ser ingovernável, aconselhado por seu consultor, é pura irracionalidade.

Vou me alongar um pouquinho para dizer o seguinte: se o país fosse ingovernável em função da Constituição de 88, é porque não conhecem história — por isso que eu digo que ela corrige injustiças —, lá atrás, em 69, um pouco antes, o presidente da República, Costa e Silva, sofreu um acidente vascular encefálico. O vice-presidente da República era um cidadão da melhor competência profissional, professor catedrático, mineiro, altamente respeitado, o vice-presidente Pedro Aleixo.

O Pedro Aleixo, como vice-presidente, foi impedido, nesse impasse, de assumir a Presidência da República. Quem a assumiu foi a Junta Militar, o ministro da Aeronáutica, o ministro da Marinha e o ministro do Exército. E ele foi alijado, sem a mínima explicação.

Vejam, se o país fosse ingovernável, quando o Collor sofreu o *impeachment*, quem assumiu a Presidência foi Itamar Franco.[15] Por que ele assumiu? Por causa da Constituição de 88. Se não existisse a Constituição de 88, ele não teria assumido, e sim uma Junta Militar.

Mas não ficou aí. O Itamar foi até o fim, conseguiu eleger o Fernando Henrique, que ficou quatro anos, se reelegeu, depois veio o Lula, se elegeu e se reelegeu. E, agora, a presidente da República está no seu primeiro mandato.[16]

Se o país fosse ingovernável, isso teria ficado lá atrás, a exemplo do que foi com Pedro Aleixo. Só isso põe por terra esse argumen-

---

[15] Em 29 de setembro de 1992, o presidente da República Fernando Collor foi afastado pela Câmara dos Deputados, em razão de apuração de ilícitos por uma comissão parlamentar de inquérito e destituído pelo Senado — com banimento político por oito anos — em 2 de outubro de 1992, quando seu vice Itamar Franco (falecido em 2011) assumiu a Presidência da República.

[16] Fernando Henrique Cardoso foi candidato vitorioso à Presidência da República em 1994, após ter sido ministro (1992-94) de Itamar Franco. Ao fim de seus dois mandatos (1995-2002), foi sucedido por Lula da Silva, como presidente da República, o qual também realizou dois mandatos (2003-2010), mas foi sucedido pela presidenta Dilma Roussef (que fora sua ministra em ambos os mandatos).

to. Essa é uma resposta muito importante, porque se esquecem da história. Quem assumiu foi a Junta Militar.

Ainda sobre o movimento do "Centrão", verifiquei que suas lideranças não lhe eram tão hostis (alguns diziam concordar com 95% de seu trabalho, os mais céticos com 85%), quanto com a Mesa Diretora (especialmente o presidente Ulysses Guimarães) da Assembleia. Mesmo após um discurso postulando a rejeição da proposta de ordem econômica do "Centrão" — repelida, em seguida, pela maioria do plenário — o senhor ainda centralizou as negociações que, retomadas imediatamente, encaminharam a matéria no dia seguinte. A que atribui seu papel conciliatório, como relator geral da Assembleia, já que continuava encarnando o projeto da Comissão de Sistematização (ao qual se opunha o "Centrão")?

Vou começar lembrando um pouco o "Centrão". O "Centrão" não foi apenas esse vendaval de inutilidades. Claro, tenho algumas restrições. Duas coisas que me deixaram muito amargurado foi que o "Centrão" conseguiu, no episódio do instituto para a desapropriação com fins de reforma agrária, ficar aquém do estatuto da terra, que era do governo militar, era até melhor, sem dúvida nenhuma. O "Centrão" foi vitorioso nisso.

A outra proposição que o "Centrão" concorreu foi a de ter derrotado o sistema parlamentarista de governo. O "Centrão" colaborou muito, por outro lado, sem dúvida nenhuma, inclusive comigo. É verdade que esse "Centrão" era muito grande e minha atitude, nessa história de conciliação, é que acho que um texto constitucional não pode ser apenas figura de uma sequência que se limite naquele lado ideológico. Ou seja, a corrente X não pode escrever sozinha a Constituição, nem a corrente Y. Você tem que conciliar os contrários, o que procurei fazer.

Na Ordem dos Advogados do Brasil, quando a presidi tinha 49 anos. Havia várias correntes díspares: uma um pouco à esquerda, outra à direita, mas, no fundo, quando a instituição se unia, a palavra da OAB era uma só, era o resultado da conciliação entre as pessoas que divergiam para se chegar a um objetivo comum.

Procurei levar isso para a Assembleia Nacional Constituinte e terminou dando certo. Quando não se vislumbrava possibilidade de conciliação, criou-se aquela figura chamada "buraco negro".[17]

No discurso que fiz, sofri algumas derrotas. Uma delas, quando perdemos o sistema parlamentarista, chamei os líderes do presidencialismo, à frente o Humberto,[18] que havia sido presidente do Senado, e disse: *Você que liderou essa corrente presidencialista, corram agora.* Estava ao meu lado o José Fogaça, que foi prefeito de Porto Alegre, e o deputado Adolfo Oliveira, do Rio de Janeiro.[19] Eu disse: *Corre, tira agora o instituto da medida provisória. A medida provisória só convive com o sistema parlamentarista de governo. Se ela ficar lá, com o presidencialismo que vocês apoiaram, vocês vão dar ao presidente da República a maior força, que nenhum ditador do Brasil teve.* Não ouviram a minha profecia e ela se concretizou. Infelizmente, dizem que o culpado sou eu, porque as pessoas não sabem da história. Outro dia, José Fogaça, ex-senador, a contou em público, em Porto Alegre, sendo aplaudido.

O "Centrão" acabou apoiando porque viu que eu não tinha o mínimo interesse pessoal em nenhuma daquelas correntes. Eu queria que fosse feita uma Constituição que refletisse o pensamento da maioria. Quando a maioria se impõe, não tem por que reclamar.

Continuando sobre a importância da conciliação política (senão estritamente ideológica), num processo constituinte tão marcado pela

---

[17] "Buraco negro" era uma expressão, corrente entre os constituintes, usada quando nenhuma proposta obtinha maioria, sequer para definir o tema a ser votado pela Assembleia.
[18] Humberto Lucena foi um dos principais defensores do presidencialismo na Assembleia Constituinte. Presidiu o Senado em 1987-89 e 1993-95, falecendo em 1998.
[19] Adolfo Oliveira foi defensor do parlamentarismo, auxiliando na relatoria da comissão sistematizadora, e faleceu em 1999. José Fogaça, parlamentarista, também foi correlator da Assembleia.

acentuação progressiva das divergências, verifica-se que, ao longo do funcionamento da Assembleia, os chefes partidários sequer conseguiam alinhar propostas nas bancadas. As divergências ideológicas se disseminaram ao ponto de, exceto a ordem social (último título da Constituição a ser votado e único sob amplo entendimento prévio das várias correntes), todos os demais títulos constitucionais emperraram sem que suas votações reunissem maioria, até surgirem propostas conjuntas entre membros do "Centrão" e da Comissão de Sistematização. Qual foi sua participação na negociação específica dos impasses políticos que bloqueavam a elaboração constitucional?

Fiz ver a alguns líderes, com quem tinha maior contato, e com outros também, com quem não tinha, que era preciso que refletíssemos como aquela Constituição estava sendo elaborada.

A diáspora ocorrida com os cassados, aposentados, banidos cedeu lugar ao reencontro. Esse reencontro foi na Assembleia Nacional Constituinte, para onde cada um trazia suas mágoas; outros, espírito de revanche; outros se sentiam inseguros em apresentar só um projeto de lei e lutavam por uma emenda constitucional.

Cansei de argumentar que muita coisa não cabia no texto constitucional, era de legislação ordinária. Eles diziam: é, mas uma lei ordinária a posteriori *a revoga. Se eu colocar isso no texto da Constituição é mais difícil.*

Realmente, esse argumento era forte. Você só pode revogar o texto da Constituição com dois terços. Uma legislação ordinária é mais fácil. Mas argumentava: *Isso é legislação infraconstitucional.* E tinha que convencer os companheiros, os constituintes, os que eram um pouco mais radicais, que eu havia sofrido na pele. Dizia: *Assim como você foi banido, eu também fui, peguei dez anos, perdi meu mandato de deputado federal, perdi minha carreira de professor titular, tudo isso me custou muito. Então, você acha que temos que ter espírito revanchista? Vamos fazer uma Constituição para o futuro!*

Claro que, infelizmente, àquela altura, você não podia imaginar. Hoje é fácil dizer o que podíamos ter previsto. Mas se tivéssemos previsto isso, teríamos previsto que o Muro de Berlim ia cair;

que a União das Repúblicas Socialistas Soviéticas não se aguentaria; que o Leste Europeu sofreu tudo isso. Mas isso só aconteceu dois anos depois de a Constituição ter sido promulgada. Se soubéssemos com antecipação, muita criação ideológica não estaria ali.

Quem iria defender se naquela altura você tinha uma dicotomia? De um lado, o regime chamado capitalista pelos Estados Unidos da América do Norte; e, do outro, o regime comunista da URSS. Ou o sujeito era democrata ou era comunista, do lado da Albânia. Mas tudo isso estava dentro da Assembleia Nacional Constituinte, que nem se sabia qual seria o seu fim, que não era previsível.

Assim, a Constituição foi elaborada a partir do ano de 86, quando os constituintes foram eleitos, e que não havia esse panorama político mundial.

Ainda assim, nós, os constituintes, previmos que, cinco anos depois de ela ter sido promulgada, seria revisada e revisada pelo mesmo tipo: sessão bicameral, Senado e Câmara, por votação simples. Perderam essa oportunidade. Em 93 eu não era parlamentar, feliz ou infelizmente, lá não estava. Mas os que estiveram perderam essa oportunidade de revisar, pois já se sabia em 93 que havia caído o Muro de Berlim. O regime comunista da União Soviética exerce o capitalismo e a China do mesmo jeito. Quem poderia prever?

De modo que o que pudemos fazer não foi, diria hoje, o ideal, mas foi o possível.

Para além das propostas advindas de entendimentos entre constituintes de ambos os principais blocos ("Centrão" e Sistematização), verifiquei que 75% dos seus pareceres em plenário — obrigatórios em todas as propostas feitas para a nova Constituição — foram seguidos pela Assembleia. Acredita que sua sintonia política, com as tendências dos constituintes, era fruto de sua experiência coletiva durante a emergência do "Centrão" ou apenas refletia seu conhecimento das afinidades ideológicas da Assembleia, desde a instalação de suas comissões temáticas?

No meu entender, as duas coisas se somam. Não podia ser isoladamente. Claro, procurei vislumbrar qual seria o pensamento daquela corrente e confrontá-la com a outra. No fundo, isso só foi possível — aqui não vai nenhum elogio, mas uma comprovação — pela minha tendência à conciliação.

O que imaginava era que, se os meus pareceres não refletissem o fruto de uma experiência, do convívio, e que pudessem resultar na conciliação, esses pareceres não seriam aprovados. Por isso que o índice de aprovação foi muito alto, a tal ponto que, um dia, Ulysses Guimarães disse que, sem essa característica de conciliação do Bernardo, nós não teríamos a Constituição de 88.

É evidente que, para conseguir extrair dos seus colegas o que eles pensam, é preciso não ser arrogante. Arrogância é um defeito; altivez é uma qualidade. Eu sempre procurei ser altivo e conciliador. Nunca usei a figura da arrogância que o relator poderia usar, mas não estava escrevendo uma Constituição para mim, para o meu gosto. Eu estava tentando ver a média do que os colegas constituintes pensavam.

Isso pode refletir um dom, e se não for um dom é uma qualidade de conciliar. Conciliar os contrários é a arte da política. Se você quer exercitar uma tendência de representar alguém, procure ouvi-lo primeiro, saber o que ele pensa.

Quando vejo o supermercado, que não vou dizer o nome, mas que em francês quer dizer "encruzilhada", todas as vezes que olho para ele eu me pergunto por que colocaram esse nome. Talvez porque não tivessem outro caminho. Eu escolhi o caminho da conciliação.

Acho que essa aprovação altíssima — é alto o índice de aprovação dos pareceres — refletia menos o meu talento, menos a minha cultura, do que a experiência no convívio da conciliação.

Como parlamentarista, o senhor também se empenhou no movimento constituinte por este sistema de governo. Como foi a sua experiência coletiva, em prol do parlamentarismo?

Defendo o sistema parlamentarista desde a época em que era universitário, estudante de direito.

O sistema parlamentarista difere do sistema presidencialista num ponto que considero fundamental. O sistema presidencialista tem mandato com prazo fixo. O deputado sabe que dispõe de quatro anos. Se na campanha gasta um milhão de dólares dele ou de quem mais para fazer negociatas lá na frente, o ressarcimento acontecerá em quatro anos.

No sistema parlamentarista, o sujeito se elege deputado, mas o prazo dele não é fixo. Se o Parlamento decair da confiança, ou o primeiro-ministro, são convocadas novas eleições, e o tempo fica menor para a negociata, pelo menos escancarada como se vê hoje.

A prova aí está: o Supremo Tribunal Federal tomando providências, e condenando algumas pessoas que fizeram do sistema presidencialista um jogo de negociatas.[20]

Já defendia esse sistema de governo como presidente da Ordem dos Advogados do Brasil, e quando cheguei à Constituinte, encontrei algumas figuras que defendiam o parlamentarismo, não só o Afonso Arinos,[21] mas o senador José Fogaça, o senador Fernando Henrique Cardoso, e outros.

Começamos a escrever a emenda parlamentarista, Afonso Arinos, José Fogaça e eu, e fizemos um texto que achávamos fundamental para o país. Tirar essa figura sozinha de ser chefe de governo e chefe de Estado, o presidente da República, que com esses dois poderes acaba sendo um imperador, com um pouco mais de força.

Aprovamos o sistema parlamentarista de governo.[22] Não foi fácil, mas conseguimos. Quando foi a Plenário, dizem, apesar de hoje até o próprio Supremo estar dando sequência àquilo que é um indício, mas como eu não tinha prova — dizia-se que se trocavam

---

[20] Bernardo Cabral se refere ao processo ("mensalão") pelo qual o STF condenou, em novembro de 2012, um grupo de líderes políticos, empresários e gestores acusados de se mancomunarem em torno de benesses ilícitas e apoio partidário.
[21] Afonso Arinos, falecido em 1991, também defendeu o parlamentarismo, desde a Comissão Sistematizadora (a qual presidiu).
[22] Bernardo Cabral se refere à Comissão Sistematizadora.

canais de televisão e de rádio para que fosse o presidencialismo aprovado. Como acabou sendo.

O próprio Ulysses, mais tarde, deu a mão à palmatória, arrependido, porque simpatizava com o presidencialismo e, depois, passou a defender o parlamentarismo. Mas não foi ele sozinho. Lá na história, lá atrás, Rui Barbosa, relator da Constituição de 91, em 89 copiando um pouco o presidencialismo norte-americano, mais tarde também achou que o ideal teria sido o parlamentarismo.

Nossa luta pelo parlamentarismo chegou ao ponto de colocarmos as medidas provisórias, a que há pouco me referi, que só podem conviver com o sistema parlamentarista de governo, onde o chefe de governo, pela maioria, quando seu partido a assume, ele é o primeiro-ministro e comparece ao Parlamento dizendo qual é o programa de governo. Previamente, ele diz o que vai fazer.

No presidencialismo, o chefe não apresenta programa de governo, faz o que bem entende e no meio do seu mandato diz que vai construir sem saber a fonte de financiamento. Uma aberração.

O sistema parlamentarista de governo, não aprovado, é uma das mágoas que tenho, como relator, de não ter visto isso prosperar, não só eu, como muitos que estiveram trabalhando na Constituição de 88 e que hoje verificam que foi um erro dramático. Se o país tivesse o sistema parlamentarista de governo, o chefe de Estado e o chefe de governo, pessoas diferentes, a empáfia seria menor.

Hoje, o presidente da República só larga o cargo ao cumprir o seu mandato ou por *impeachment*, até hoje apenas um caso na história da República.

Ao cabo da Segunda Guerra Mundial, quatro países saíram dela arrasados: Alemanha, França, Japão e Itália. Esses quatro países adotaram o sistema parlamentarista. Com toda a dificuldade que enfrentam, o chefe de governo na Itália, o Berlusconi, foi posto para fora. Na Espanha, o rei continua sendo o chefe de Estado, mas como chefe de governo vários já passaram por ele.

Aqui, o presidente da República também é chefe de governo. É uma pena que o parlamentarismo não tenha sido aprovado.

E, agora, paciência. Não há como tirar o presidencialismo porque foi confirmado através de plebiscito.

Embora seja evidente a constante mescla política (inclusive em sua relatoria da Assembleia) entre a Comissão de Sistematização e o "Centrão", ainda circulam visões da Constituição — embora menos intensas que na época da promulgação — que a enfatizam, ora como nacionalista e por seus direitos sociais, ora como protetora do mercado e de direitos individuais. Qual a sua visão da Constituição originária do consenso forjado pela Assembleia e da ordem constitucional atual, marcada pelas dezenas de reformas ocorridas ao longo das décadas?

Essa é uma pergunta que requer uma meditação grande. Em primeiro lugar, há que se considerar que você não pode imaginar um texto constitucional que não sofra, lá na frente, algumas modificações. É para isso que se inclui na Constituição a figura da emenda constitucional.

O que é preciso reparar é que um texto constitucional, posto como lei fundamental — veja que na Alemanha não é chamada de Constituição, mas de Lei Fundamental —, quando esse texto é tido como tal, é preciso que as pessoas identifiquem que não se pode transformar uma Constituição num canteiro de obras.

Existem já milhares de emendas constitucionais, algumas sem nenhuma razão de ser. Estão sendo ali colocadas a reboque de interesses meramente circunstanciais.

É uma pena que o político brasileiro, salvo honrosas exceções, seja um cidadão muito mais voltado para suas ambições pessoais do que para os interesses da coletividade. Se pensasse nisso, ele tiraria do texto constitucional aquilo que não foi possível tirar lá na revisão constitucional, mas que se conserve o que tem de útil.

Quando pretendem comparar as grandes conquistas no âmbito dos direitos sociais, das garantias individuais com o lado da economia, fica difícil, porque você não fez uma Constituição uniforme do seu pensamento pessoal. Ela refletiu, como disse há pouco, todo aquele ambiente que mesclava a Assembleia Nacional Constituinte. E, na Assembleia Nacional Constituinte, aqueles que defendiam seus pontos de vista, sobretudo os que faziam o seu *lobby*, sem nenhuma censura — o *lobby* do poder Judiciário, o *lobby* do Ministério Público, o *lobby* dos delegados de polícia —, cada um estava vendo a sua vantagem ou desvantagem dentro da Constituição. Se fosse possível extirpar aquilo que lhe era prejudicial, eles brigavam. Foi assim que aconteceu.

O capítulo das Garantias e Direitos Individuais é tido como o mais avançado do mundo, mas se considerarmos que, em 1988, nós conseguimos colocar no texto constitucional — e são 24 anos decorridos — o instituto do meio ambiente, que ninguém falava nisso e hoje é moda, vamos ver que estávamos muitos passos à frente de toda parte do mundo.

O texto constitucional refletiu a garantia da cidadania, essa é a grande verdade. Se um lado foi beneficiado, é porque não havia como esse benefício ser retirado. Se um lado foi prejudicado, é porque havia uma maioria que com ele não concordava.

No meu entendimento, os que hoje dizem que a Constituição é isso ou aquilo deveriam reformular e dizer: *Esta Constituição reflete aquele ambiente em que foi devidamente construída, passo a passo, tijolo por tijolo, dificuldade por dificuldade.*

O fato é que conseguimos uma grande vitória. A palavra não é minha. Vou fazer uma homenagem ao Ulysses, que já se foi e espero que sua figura não fique esmaecida com o tempo. Em julho de 88, muito antes de a Constituição ser promulgada, ele fez um discurso, e foi daí que se originou a chamada Constituição Cidadã, dizendo que aquela Constituição estava sendo escrita para o povo.

Falavam que iam fechar a Constituinte, Ulysses foi à tribuna e enfatizou: *Não viemos aqui para ter medo, viemos para escrever o texto constitucional.* E fez uma previsão que está sendo concretizada: *Esta Constituição terá cheiro de amanhã, não cheiro de mofo.*

Os catastrofistas diziam que ela não demoraria seis meses: já está no 24º ano.

Essa Constituição não se deve a ninguém em particular: se deve ao povo, que foi para as ruas, que lutou, cada segmento, e chegou ao final que queríamos: uma Carta que nos orientasse, que garantisse a cidadania.

A Constituição de 88 tem garantido. Hoje, os três poderes estão funcionando em função da Constituição de 88.

Muito obrigado pelo seu depoimento!!

Depoimento de Bernardo Cabral,

*relator da Assembleia Constituinte de 1987-88,
ao pesquisador Júlio Aurélio Vianna Lopes, concedido,
por correspondências via e-mail, no mês de outubro
de 2013, no qual a Carta de 1988 completou
25 anos de vigência — segunda parte*

Quanto às emendas populares, *cuja maioria foi aprovada, como o senhor avalia sua importância no percurso constituinte?*
As emendas populares, com mais de 1 milhão de assinaturas, tiveram uma destacada importância, das quais 83 tiveram as suas propostas admitidas, entre as quais cito apenas a título exemplificativo e não exaustivo: juizados especiais; sistema único de saúde; direitos dos consumidores; direitos dos idosos; iniciativa popular das leis; aposentadoria das donas de casa etc.

Um dos momentos que me causaram profundo impacto emocional foi o da sustentação oral que fez uma senhora ao ocupar a Tribuna da Constituinte, eis que tinha sido indicada previamente para fazer a defesa da respectiva emenda. Era fácil perceber [que] o que lhe faltava em preparo intelectual lhe sobrava em profunda emoção, no que acabou resultando no inciso V, do art. 203, da Seção IV — Da Assistência Social, que determina: "a garantia de um salário mínimo de benefício mensal à pessoa portadora de deficiência e ao idoso que comprovem não possuir meios de prover à própria manutenção ou de tê-la provida por uma família, conforme dispuser a lei".

Essa senhora era nada menos do que a mãe de um jovem portador de deficiência física, tanto na locomoção como no uso da fala.

Como foram suas relações, ao longo da Constituinte, com membros da Assembleia que provinham do regime autoritário — os quais eram 211 dos 559 constituintes?
Não tive nenhuma dificuldade nas minhas relações, porque não consta da minha vida pessoal ter sido ela timbrada, em qualquer momento, com o sentimento de revanchismo. O que me preocupou, ao longo da Constituinte, foi que ela atingisse os seus objetivos. E ela os alcançou, porque sem a Constituição de 1988 não estaríamos hoje respirando o ar saudável das liberdades públicas e civis, enfim restauradas, já que a longa era de autoritarismo e a prolongada fase de transição, que lhe sucedeu, receberam o selo que as qualifica como etapas históricas superadas, para a formação de nossa cidadania.

Como o senhor definiria suas relações com as seguintes lideranças constituintes, cujas posições institucionais os tornavam essenciais no processo decisório da Assembleia: Ulysses Guimarães, Mário Covas e Afonso Arinos?
As relações foram sempre normais e as eventuais discordâncias que se tornavam pontuais acabavam por chegar a um denominador comum. Os três, Ulysses, Mário Covas, Afonso Arinos, e mais o relator sabíamos que estávamos saindo do que eu chamava de excepcionalidade institucional para um reordenamento constitucional, o que motivava o fantasma do período autoritário a indicar que acima de qualquer dissenção devia prevalecer o ponto de

equilíbrio. E este se situava em sabermos que essa Constituição estava nascendo do nada; pedra sobre pedra; tijolo a tijolo, pois era a primeira que não tinha disposto de um esboço prévio, como as anteriores. O ponto de equilíbrio, portanto, teria o de ser, como foi, o de apontar caminhos e indicar soluções.

Como o senhor avalia as contribuições constituintes de Fernando Henrique Cardoso e Luiz Inácio Lula da Silva — que, posteriormente, governaram o país — e do então presidente José Sarney?
A contribuição do constituinte Fernando Henrique Cardoso foi mais densa, uma vez que, além de ser o autor do Regimento da Constituinte, esteve ele presente em quase todos os títulos. O constituinte Luiz Inácio Lula da Silva desempenhou a sua atuação como líder mais voltado para os Direitos e Deveres Individuais e Coletivos, Direitos Sociais, Administração Pública, Reforma Agrária, Seguridade Social.

Quanto ao presidente Sarney, não teve nenhuma contribuição de relevo na feitura do texto e sim na transição do poder militar para o poder civil.

A Assembleia Constituinte teve apenas três membros provenientes da magistratura e seis membros provenientes do Ministério Público. Embora muitos fossem bacharéis em direito, a maioria deles nunca exercera profissão jurídica. Nesse sentido, o senhor acha que seu exercício da relatoria contribuiu para a inusitada ampliação das instituições jurídicas (Advocacia, Defensoria Pública, Ministério Público, Advocacia Pública, Tribunais de Contas e Judiciário) pela Carta de 1988? Como foram suas relações com os lobbys *jurídicos?*
Penso que dei a minha colaboração necessária para o fortalecimento das instituições jurídicas, tendo em conta estar vindo da advocacia militante e da recente Presidência da Ordem dos Advogados do Brasil. E, por isso, essa colaboração não é por mim considerada como "inusitada ampliação". Quanto à minha relação com

os *"lobbys* jurídicos", aí incluídos Poder Judiciário, Ministério Público, Tribunais de Contas, foi sempre pautada pela transparência com os envolvidos, sem preferir esta ou aquela corrente, recusando ou acolhendo as proposições que me pareciam legítimas.

Após a eleição presidencial de 1989 — primeira com a carta vigente — na qual apoiou o candidato Ulysses Guimarães, o senhor ingressou no Ministério da Justiça do governo Collor. Qual balanço político faz da sua participação neste governo? Em sua opinião, o confisco de poupanças, decretado nos primeiros dias do governo, colidia com a ordem de 1988?

O balanço carece de uma resposta mais longa.

Ao travar-se a eleição presidencial de 1989, no seu primeiro turno, num dever de lealdade — por alguns não compartilhado — dei meu apoio e participei ativamente da campanha do candidato do meu partido, o deputado Ulysses Guimarães, com quem tinha atuado de forma muito próxima na Assembleia Nacional Constituinte e da qual fora ele presidente e eu relator-geral. Transposta aquela fase do pleito, enfrentam-se, no segundo turno, o ex-governador de Alagoas, Fernando Collor de Mello e o deputado Luiz Inácio Lula da Silva.

Vitorioso, Collor de Mello empolgara a opinião pública com a sua pregação de escrupuloso respeito pela moralidade administrativa e, em especial, por sua mensagem de combate às mordomias e aos funcionários que afrontaram a miséria do povo brasileiro com seus supersalários. Eu próprio já tivera ocasião de participar dessa batalha quando, na Constituinte, dei parecer favorável à emenda que impedia a existência de salários desmesuradamente elevados no serviço público.

Terminada a eleição, convidou-me o presidente eleito para algumas reuniões e, mais tarde, fazer parte de sua equipe, da qual fui o primeiro a ter o nome anunciado publicamente, logo seguido pelos titulares das pastas militares. A aceitação ao convite se deveu ao enorme desafio que representava participar de um governo de ideias arrojadas e que procurava pôr cobro a uma situação de descalabro econômico-financeiro, ampliada por uma inflação que, naquele longínquo mês de março de 1990, ultrapassava o patamar dos 80%.

A escolha desde logo — é oportuno relembrar — me rendeu uma indisfarçada rejeição por parte de alguns setores da mídia e por outros segmentos que não concordavam que alguém como eu, que tivera sido presidente do Conselho Federal da Ordem dos Advogados do Brasil durante os anos de repressão do regime militar e, posteriormente, relator da Constituinte, viesse a participar do que insistiam considerar como um perfil de governo conservador. Iniciou-se, a partir daí, o que poderia denominar — sem medo de erro — de um patrulhamento que me acompanhou durante todo o tempo em que permaneci no Ministério.

O desafio que se apresentava, em termos da nova missão dada pelo presidente da República ao ministro da Justiça, era o de exercer a coordenação da ação política do governo, capitaneando uma nova relação entre o Executivo e o Legislativo.

Todo o conjunto de atribuições que se concentrara, até então, no Gabinete Civil da Presidência da República se deslocou para o Ministério da Justiça, numa experiência que era nova pelo menos no período pós-64.

Se, no regime da Constituição de 46, a Pasta da Justiça se desincumbia de algumas das atribuições que agora lhe destinava a proposta de reforma administrativa, nos 25 anos subsequentes, somente uma vez e de modo fugaz coube ao titular do Ministério desempenhar tal atuação de caráter eminentemente político. Refiro-me, é claro, ao período em que esteve à frente da Pasta o saudoso senador Petrônio Portella.

Na verdade, naquele momento, pareceu-me, de pronto, que a tarefa não seria fácil, muito embora o presidente possuir o respaldo dos 35 milhões de votos que o haviam levado ao poder.

Com o apoio da legitimidade presidencial e, de forma induvidosa, de um intenso trabalho de articulação política, do qual participaram ativamente e com grande habilidade os líderes, na

Câmara e Senado, foi possível aprovar no Congresso o conjunto das medidas provisórias do plano econômico e da reforma da administração pública.

E, estranho paradoxo: a aprovação de um plano de controle de gastos por um Congresso que tinha saído da Assembleia Nacional Constituinte com a forma de agir como se não houvesse a necessidade de pagar a conta pelo aumento do gasto público. Esse albergue político, através da aprovação de tais medidas, talvez tenha sido uma das mais marcantes, e ainda não perfeitamente contadas, histórias de nosso Parlamento.

Àqueles que, como eu, fizeram parte da primeira equipe, coube a penosa tarefa de implementar e pôr em prática essa reforma, o que representou um certo grau de sacrifício, tal como o de, obrigatoriamente, cortar despesas, chegando a atingir, tantas vezes, os resíduos do já minguado orçamento público.

Ao mesmo tempo que enxugava a máquina, procurei lançar as bases para a modernização do Ministério da Justiça.

E consegui.

Essa realização se deu, a princípio, quebrando alguns vícios de origem que emperravam, pela mesmice — como exemplo —, o problema de estrangeiros no Brasil. Após exaustiva análise, consegui publicar, com 63 páginas, o "Guia prático para orientação de estrangeiros no Brasil", permitindo esclarecer as principais dúvidas relativas à sua situação jurídica no território nacional, evitando, dessa forma, a desnecessária ou má intermediação de terceiros nos assuntos dessa natureza.

Por igual, submeti ao presidente da República a Exposição de Motivos criando o Sistema de Vigilância da Amazônia (Sivam) em estreita colaboração com o ministro Sócrates Monteiro, da Aeronáutica, que mereceu aprovação presidencial e respectivo encaminhamento ao Congresso Nacional. Hoje o Sivam é uma referência na Amazônia.

Além de que, entre outras medidas, foi possível concretizar o campo administrativo, através da informatização, da reforma dos procedimentos, do incessante cuidado com a boa gerência da coisa pública, eis que o propósito era fazer da mais antiga das pastas ministeriais a mais moderna e atual em termos de sua capacitação técnica e gerencial.

Tudo isso faz parte do ontem. E, como já tive ocasião de afirmar, o homem público nada deve esperar de seus contemporâneos, sequer compreensão, quando muito reconhecimento dos seus pósteros. Por isso mesmo, cabe destacar que aquele fenômeno de rejeição por uma parcela diminuta da imprensa tinha agora a ele acoplado a colaboração de certos segmentos do governo. E mais: eventuais dificuldades no relacionamento do governo com o Legislativo e os Tribunais Superiores eram a mim injustamente debitadas.

A intriga passou a ser feita quase às claras e, em determinado momento, ultrapassou o campo político-administrativo para atingir o da privacidade, instante em que considerei ser hora de dar a minha modesta contribuição por finda e retornar, primeiro, à minha cadeira de deputado federal e, depois, à minha banca de advogado. O que fiz, em caráter irrevogável.

Neste breve escorço, devo registrar que a experiência foi dura e, às vezes, sofrida. No entanto, não há espaço para mágoas ou queixas. Até porque quando do Ministério saí, sete meses depois, era como se nele estivesse entrando no dia da posse: de cabeça erguida e de mãos limpas.

E, por fim, considero que a medida da Poupança foi um equívoco. E, por considerar que se tratava de um confisco (não sei quem foi o autor do Decreto), não referendei o mesmo. Basta conferir o original para verificar que dele não consta a minha assinatura.

Como senador, o senhor também buscou reformar a Carta de 1988, através da "Reforma do Judiciário" (Emenda 45/2004), pela qual se inseriu o Conselho Nacional de Justiça, como órgão regulador. A seu juízo, tal instituição não violaria o equilíbrio de poderes da Carta de 1988?

Na Constituinte a criação do Conselho Nacional de Justiça não logrou êxito. Anos depois foi ele aprovado pelo reiterado clamor popular e, ao que se tem visto, não me parece que a Instituição tenha violado o equilíbrio de poderes da Carta de 1988.

A minha atuação como relator da Reforma do Judiciário se exauriu no final do meu mandato, oportunidade em que relembrei o registro que havia feito ao apresentar o meu Relatório e dado o seguinte destaque:

> Na Assembleia Nacional Constituinte, não obstante o registro justo da existência de movimentos fortes no sentido de uma revisão do nosso modelo judiciário — e a história iria fazer justiça, em curtíssimo espaço de tempo, aos diagnósticos e prognósticos que sustentavam as teses revisionistas então brandidas —, a opção foi conservadora, e manteve as raízes, os mecanismos e as colunas centrais do Poder Judiciário, e, com elas, as sementes das cepas robustas que iriam gerar o caos que tomou conta do sistema brasileiro de prestação jurisdicional.

A perda dessa oportunidade histórica de reengenharia institucional do Poder Judiciário mereceu inúmeros registros. Entre eles, é de se colacionar, pela pertinência e agudeza, o da hoje ministra Eliana Calmon, do Superior Tribunal de Justiça, à época desse diagnóstico juíza do Tribunal Regional Federal da 1ª Região:

> O Judiciário enfrentou a Constituinte sem real proposta de reforma, com *lobbies* eminentemente corporativos e até pueris, perdendo a grande oportunidade de realizar mudança estrutural.
> O descompasso institucional colocou o Poder Judiciário, nestes últimos dez anos, em evidência, não havendo um só dia em que a mídia não leve aos brasileiros uma nova faceta do seu mau funcionamento.
> Na atualidade, está a magistratura no cadafalso da opinião pública, com a instituição *"justiça"* na boca de inescrupulosos aproveitadores, especialmente daqueles que, por ignorância, são atiçados pela mídia. Os juristas não têm soluções plausíveis. Os profissionais do Direito travam verdadeira guerra na preservação do mer-

cado de trabalho, e os jurisdicionados, em perplexidade, amargam uma irracional espera na resposta do Estado-juiz. [*Revista da OAB*, n. 67, p. 11, 1998]

Por essa razão, coloquei em relevo no meu Discurso de Despedida do Senado o trecho a seguir:

Permitam-me os eminentes colegas falar agora um pouco sobre a reforma do Judiciário. Permitam-me, porque seria desconcertante não fazê-lo, que dê uma ligeira palavra sobre a Reforma do Judiciário, cujo texto se encontra neste Plenário para votação em primeiro turno e que, talvez, não seja o ideal, mas o possível no momento atual, a partir dos quadros políticos institucionais.
O balanço que faço é de um texto que contenha instrumentos efetivos e imediatos de solução para a grande maioria dos problemas do Poder Judiciário, a permitir que novas frestas de luz iluminem os operadores do Direito e seus doutrinadores na busca de soluções modernas, a partir de premissas novas, com o abandono de vários dogmas já sepultados pela atual prática do Direito.
Teses, princípios e soluções incontestáveis há alguns anos devem ser relidos com urgência, atualizados ou abandonados, para não persistirmos na utopia do acesso ao Judiciário apenas como prescrição constitucional, e que, como princípio fundamental, não sobrevive fora das condições ideais de temperatura e pressão dos mais ricos escritórios e gabinetes do País.
Os operadores do Direito verão que um Judiciário ágil, eficiente, desburocratizado e efetivo é útil tanto para o jurisdicionado quanto para cada um dos setores que atuam nessa área direta ou indiretamente.
Isso tudo me leva a crer que nesta reforma do Judiciário, insultado, ofendido, noites em claro, fins de semana desperdiçados, férias não gozadas, talvez eu tenha feito uma ingrata peregrinação, espécie de romeiro desapontado, pois acabou ficando às claras, com as engenhosas manobras regimentais, para dizer o mínimo, que, ao invés de se elevar o percentual do debate de forma racio-

nal se fez o pior: ficou reduzida a zero a taxa de responsabilidade na discussão das profundas e preocupantes questões que afligem o Judiciário.

Desnecessários quaisquer outros comentários na atualidade.

O senhor considera que a Carta de 1988 dificultou ou propiciou o desenvolvimento econômico brasileiro, desde então?
A meu sentir ela propiciou o desenvolvimento porque mostrou à sociedade brasileira a importância de uma Constituição democratizante votada à época do instante histórico em que ela estava sendo elaborada.

É conveniente não esquecer que dela participaram políticos cassados, guerrilheiros, banidos, revanchistas, funcionários públicos demitidos ou aposentados, forçosamente, pelos Atos Institucionais etc. etc. Ora, com a agravante de não ter sido possível imaginar que o Muro de Berlim cairia logo mais adiante, o comunismo seria implodido e a dicotomia que separava o mundo em regime comunista (URSS) e regime capitalista (EEUU) cederia lugar à globalização da economia.

Basta examinar, sem preconceito, os Princípios Gerais da Atividade Econômica, consubstanciados nos artigos 170 a 181, para concluir que a ordem econômica, fundada na valorização do trabalho humano e na livre-iniciativa, tem por fim assegurar a todos existência digna, conforme os ditames da justiça social.

Quais disposições, da Carta de 1988, tal como a opção presidencialista, o senhor destacaria dentre as mais decepcionantes?
Algumas decepcionantes, para mim. Faltou a conclusão de uma reforma agrária, ou, mais precisamente, de um instrumento de desapropriação para fins de reforma agrária, porque a sua disciplinação, em nível constitucional, representou um retrocesso em face do que dispunha o Estatuto da Terra, aprovado no ciclo dos chamados

governos autoritários. Por igual, não se conseguiu aprovar o sistema eleitoral, com vista ao seu aperfeiçoamento, seja pela adoção do visto distrital misto, seja pelo financiamento público dos institutos da fidelidade partidária e do domicílio eleitoral, tudo em busca de maior autenticidade e maior legitimidade para a representação partidária.

Quanto à opção presidencialista, a decepção é maior. O que aconteceu foi que o fio condutor filosófico da Comissão de Sistematização era todo voltado para o sistema parlamentarista de governo. E o grande erro cometido na votação do Plenário, que o derrubou, pela vaidade de uns e falta de perspectiva de outros e a incompreensão de muitos, acabou por desaguar na Revisão Constitucional de 1993. Isso porque, apesar das minhas advertências, os presidencialistas mantiveram o instituto da Medida Provisória, que só pode coexistir com o parlamentarismo. E o resultado funesto foi a transformação do presidente da República no papel de usurpador das funções do Congresso Nacional.

Quais inovações, da Carta de 1988, o senhor destacaria como as de maior importância?
São muitas e da maior importância. A título exemplificativo — e não exaustivo — cito alguns para provar que a Carta de 1988 soterrou a época do obscurantismo e firmou os seguintes comandos constitucionais: a expressa consagração do respeito aos direitos humanos como princípio fundamental; o alargamento das garantias fundamentais, com ênfase para o "habeas data"; o mandado de injunção; a garantia do devido processo legal etc.; os poderes de investigação próprios das autoridades judiciais, conferido às Comissões Parlamentares de Inquérito; o capítulo absolutamente inovador e exemplar da ciência e tecnologia; o combate sem trégua à corrupção, através do fortalecimento do Ministério Público; a liberdade de expressão; a liberdade de comunicação; o acesso à informação; o sigilo da fonte; o fim da censura.

Quais aspectos, da Carta de 1988, o senhor acredita que as futuras gerações considerarão mais valiosos?

Sem querer fazer um exercício de futurologia, creio que, entre outros aspectos, os tratados nos Princípios Fundamentais; os direitos e deveres individuais e coletivos, de que trata o Título dos direitos e garantias fundamentais; o capítulo do meio ambiente, primeira consagração mundial do tema em sede constitucional; a total reformulação da disciplina fundamental da educação e da cultura, assentando a amplitude de seus fins e a generalização de seus beneficiários, priorizando o sistema público como destinatário dos recursos arrecadados da população; a estrutura integral da seguridade social; o combate à corrupção; a liberdade de expressão; a liberdade de comunicação e o fim da censura.

Em que sentido sua formação e orientação católica influenciou sua vida pública? Na medida que a Igreja Católica foi a principal instituição religiosa e uma das principais instituições da sociedade civil da época, o senhor se identificava, durante o processo constituinte, com o catolicismo social pelo qual a CNBB (Confederação Nacional dos Bispos do Brasil) pugnou pela função social da propriedade e pela reforma agrária?

Respondo a ambas, nesta longa resposta.

Volto ao século XVIII, quando a civilização industrial desse século impôs grave defasagem entre as nações da Europa, fazendo com que comunidades soltassem da etapa agropastoril para a manufatureira, estimulando, de um lado, a formação de uma burguesia um tanto abusiva e, de outro, o estabelecimento de um proletariado numeroso e já desperto para o clamor reivindicatório.

A questão social emocionou filósofos. Derramaram palavras, esses mesmos filósofos, de ardente solidariedade. A discórdia de classes teria de ocorrer e acirrar-se, criando dificuldades desafiadoras. O processo de formação do poder político não abrangeu, via de consequência, a massa obreira. A sua vitória originava-se de arbitragem econômica. O trabalhador, obreiro de uma estrutura que o esmagava, era uma força afônica. A voz perdia o som, que faz o grito, e a esperança de libertação escondia-se nas obras da posteridade.

Daí foi um salto de que a transformação tinha de ser profunda e através do Estado e que ele só existia para promover o bem geral da comunidade. E, a partir daí, quem não se lembra do nomadismo cultural que exerceu Karl Marx por toda a Europa, tentando a execução da chamada Carta de Princípios. E quem ajudou o companheiro teórico nessa mesma vilegiatura? Engels, curiosamente, um homem rico.

E o que ocorreu? O conceito, então áspero, de estatização, que inspirou a ditadura do proletariado, levou o papa Leão XIII a elaborar a Encíclica Rerum Novarum, que significou a contestação pontifícia à doutrina de Karl Marx, indicando fórmulas para a problemática do homem, numa idade política mergulhada em inquietações próprias a um episódio de cuja exegese se extraem capítulos perturbados da história.

Era o contraponto do Vaticano à manifestação do inspirador do comunismo, até porque esse mesmo Vaticano mostrou-se sensível ao complexo social dos povos, mas o tipo estrutural da vida então corrente não ensejou à palavra do pontífice campo de ressonância capaz de um especial registro.

Portanto, a minha tradição religiosa familiar tinha de ser importante — como o foi — e, mais tarde, durante o convívio da OAB com a CNBB e, depois, durante o processo constituinte, tudo isso teve importância na concretização da função social da propriedade e reforma agrária. No entanto, devo destacar que essa minha posição já vinha de muito longe, pois no meu discurso como orador da minha Turma de Bacharéis em Direito de 1954, da Faculdade de Direito do Amazonas, cunhei o seguinte parágrafo: "É o ensejo azado para se impor a reforma agrária; no entanto, não há sequer um esboço concreto. O que se nota é a somiticaria do latifúndio gerando a fome, impedindo a industrialização, a qual seria o fulcro ideal para o nosso país. Não. Não nos devemos curvar".

Em sua formação jurídica, quais juristas e operadores do direito o influenciaram?
Cito alguns juristas: Teixeira de Freitas, Pimenta Bueno, Carlos Maximiliano, Miguel Reale e Paulo Bernardes. E os operacionais do direito resumo em quatro: Ruy Barbosa, Sobral Pinto, Evandro Lins e Silva e Adriano Guedes de Queiróz.

Além das doutrinas jurídicas, seu acesso a teorias filosóficas importou na formação como operador do direito e político? Quais correntes filosóficas o influenciaram?
Sim, as doutrinas jurídicas e o acesso a teorias filosóficas importaram na minha formação.

Quanto a correntes filosóficas. Sempre entendi que a filosofia é, provavelmente, a "investigação das causas e princípios fundamentais de uma única e mesma realidade", sem esquecer Aristóteles: "o filósofo conhece, na medida do possível, todas as coisas, embora não possua a ciência de cada uma delas por si".

Daí ter chegado a Descartes, aprendendo a ler a sua famosa metáfora: "assim, a Filosofia é uma árvore, cujas raízes são a Metafísica, o tronco, a Física, e os ramos que saem do tronco são todas as outras ciências".

Ora, se é induvidoso que os dois autores mais "importantes da filosofia antiga, em termos de influência posterior, foram Platão e Aristóteles", também é de se destacar, embora desnecessário, que Sócrates não deixou nenhum registro escrito de suas ideias e, não fosse o testemunho dos seus discípulos — à frente Platão —, teria caído no esquecimento. Aliás, coube a Platão levar adiante os ensinamentos do seu mestre e superá-los, eis que realizou ele a primeira grande síntese da filosofia grega.

É incomodamente óbvio ressaltar que não se ajusta nesta resposta abordar a famosa teoria das ideias de Platão, por ele ilustrada na alegoria conhecida como a "alegoria da caverna", curiosamente rejeitada por seu discípulo Aristóteles, fundador da biologia e criador da lógica como disciplina.

A verdade é que muitas são as correntes filosóficas, algumas superficiais e outras de valiosa contribuição, razão pela qual citei os da minha apreciação pessoal.

Em que sentido sua formação liberal o influenciou em sua vida pública? Na medida em que o liberalismo foi a ideologia prevalente na oposição à ditadura pós-64, como avalia esta contribuição ideológica na arquitetura da Carta Magna de 1988?
Ao se proceder à leitura da Carta de 1988 fica patente a influência do liberalismo como filosofia política, eis que nela se depara com a defesa do estado de direito; na defesa da liberdade nos campos econômico e político; na defesa do livre mercado e do direito de propriedade privada; da supremacia do indivíduo contra a ingerência do indivíduo. E aqui faço um parêntesis para enfatizar a primazia absoluta outorgada às garantias individuais e aos direitos fundamentais. Aliás, essa eleição topográfica não se resume, entretanto, a seu ostensivo efeito formal. Bem antes, ela traduz uma vertente filosófica: para a Constituição de 1988, o indivíduo (com suas estruturas de organização social, livremente escolhidas e formadas) é o centro de tudo.

Sabatina de Bernardo Cabral

No conselho técnico da Confederação Nacional do Comércio em 8 de outubro de 2013 (nos 25 anos da Constituição Federal de 1988)

Conselheiro Bernardo Cabral: Caros companheiros, em primeiro lugar, deixem-me falar numa linguagem judicial apropriada para ministros e desembargadores, porque temos aqui o ministro Célio Borja e o desembargador Marcus Faver. Quando um juiz pede alguma coisa de outra jurisdição, faz isso por Carta Precatória. Quando é um desembargador ou ministro, faz isso utilizando uma Carta de Ordem. Recebi uma Carta de Ordem do nosso ministro Galvêas, informando-me que eu tinha de proferir esta palestra.

Para aqueles que não são afeitos ao direito constitucional, ordenei alguns itens que dizem respeito aos 25 anos da Constituição.

Em primeiro lugar, a convocação de uma Assembleia Nacional Constituinte; o esboço da Constituinte; o que houve nas Comissões Temáticas, e por aí afora. Com isso, espero me desincumbir dessa Carta de Ordem do nosso ministro Ernane Galvêas.

Há um hábito muito grande no nosso país: fala-se muito, principalmente nas faculdades, em Constituinte, Assembleia Nacional Constituinte. Mas a maioria não sabe o que é. Leem em jornais, ouvem alguma autoridade referir-se à Constituinte Exclusiva e fazem comentários equivocados. Espero, nesta minha abordagem, poder situar quais são os motivos que levam a uma convocação de uma Assembleia Nacional Constituinte.

Em primeiro lugar, uma regra que diz: sempre que ocorre uma ruptura da ordem político-constitucional, é preciso convocar uma Assembleia Nacional Constituinte. E os exemplos estão aí.

Na época da Proclamação da Independência do Brasil, dom Pedro I fez a ruptura da ordem político-constitucional de Portugal. Ao convocar a Assembleia Nacional Constituinte, ele estava dando sequência a uma norma de direito constitucional, que é a ruptura da ordem político-constitucional.

Não vou me deter na Constituição do Império, até porque acabou sendo devidamente outorgada pelo imperador. Eis que a Constituinte dissolvida lhe tirava poderes, mas era resultante de uma Assembleia Nacional Constituinte.

Depois, em 1889, com a Proclamação da República, tivemos uma nova quebra da ordem político-constitucional: dom Pedro II foi para o exílio, devidamente apeado do poder, e a convocação foi feita, na qual até resultou no nosso inesquecível e imorredouro Rui Barbosa como relator da Constituição de 1891.

Depois, em 1930, um presidente eleito. Não quiseram, ou acharam que era preferível derrubar tanto o que estava quanto o que ia tomar posse, e Getúlio, apesar de derrotado, assumiu o poder.

Nova ruptura político-constitucional e um chamado governo provisório. O Getúlio havia assumido o compromisso de que convocaria a Assembleia Nacional Constituinte em virtude da ruptura política, só que ele não o fez. Isso resultou na Revolução Constitucionalista, em 1932, em São Paulo. E é curioso, porque essa revolução não conseguiu ser vitoriosa. Getúlio a esmagou, mas, pela via oblíqua, cujo resultado foi a Assembleia Nacional Constituinte que deu a Constituição de 1934.

Vejam, em 1945 — e aí é a roda do destino —, o Getúlio, que havia causado aquela queda, também foi apeado do poder.

Nova ruptura político-constitucional, e ao cabo da convocação de Assembleia Nacional Constituinte. Como não havia o cargo de vice-presidente, quem assumiu a Presidência da República foi o ministro presidente do Supremo Tribunal Federal, José Linhares, e, daí, a Constituição de 1946, de 18 de setembro de 1946, uma boa Constituição democrática.

Mas, em 1964, com a chamada Revolução de 1964 ou Golpe de 1964, qualquer que seja a nomenclatura que se lhe dê, o fato é que houve uma ruptura político-constitucional. Um presidente da República que estava legitimamente no poder foi apeado. Só que a Revolução de 1964 não convocou a Assembleia Nacional Constituinte, como devia.

Passaram-se os anos, até o então presidente da República João Figueiredo começar a fazer a distensão, o que resultou na eleição do nosso inesquecível (infelizmente, não chegou a tomar posse) Tancredo Neves. Este havia se comprometido a convocar uma Assembleia Nacional Constituinte e, para isso, criou uma Comissão de Notáveis, encarregada de fazer o esboço dessa Constituição. Todas as Constituições anteriores, a do Império, a primeira da República, a de 1934 e a de 1946, tiveram um esboço prévio. A Comissão era presidida pelo amigo da nossa querida Maria Beltrão, o professor e senador Affonso Arinos de Mello Franco. Essa Comissão de Notáveis se reunia no Palácio do Itamaraty, na antiga rua Larga, hoje avenida Marechal Floriano.

Com a morte de Tancredo, assumiu a Presidência da República o seu vice-presidente, José Sarney, e a ele a Comissão de Notáveis enviou o resultado dos trabalhos que concluía pelo sistema parlamentarista de governo. Por sua vez, o presidente José Sarney, hoje senador, que era e é presidencialista, achou por bem, e respeitando eu a tendência de cada um, simplesmente mandou publicar os trabalhos da Comissão de Notáveis no *Diário do Congresso*, mas não os enviou à Assembleia Nacional Constituinte. Consequentemente, a Constituinte de 1987, instalada devidamente pelo presidente do Supremo Tribunal Federal, começou "do nada", não havia nenhum trabalho prévio.

Feito o regimento, Ulysses Guimarães, que tinha uma enorme capacidade de dialogar, conversando com alguns colegas constituintes, disse que criaria uma comissão de 80 parlamentares constituintes, escolhidos entre profissionais de alto nível, para elaborar o esboço.

Éramos em número superior a 500 constituintes, e a briga foi total quando Ulysses proclamou essa ideia. Diziam que seriam constituintes de primeira e segunda classes. A briga foi de tal ordem, que o Ulysses recuou.

Reunidos os líderes e aqueles que entendiam de matemática, foi possível verificar que todos poderiam ser incluídos nas Comissões Temáticas e, daí, foram criadas oito Comissões Temáticas. Examinando-se a Constituição, é possível verificar que há oito títulos, exatamente os títulos correspondentes às oito Comissões Temáticas. Cada Comissão Temática se subdividia em três subcomissões. Havia uma que estava acima, que era a Comissão de Sistematização, que iria — como diz o nome — sistematizar o trabalho das Comissões Temáticas.

O partido majoritário era o PMDB, que nasceu do MDB, do qual eu tinha sido um dos fundadores. O segundo era o PFL. O Mário Covas (PMDB) disputa o lugar de líder da Assembleia Nacional Constituinte e ganha. O líder do PFL era um deputado da Bahia, chamado José Lourenço, e aos dois ficava entregue a escolha. Quando o PMDB escolhia o presidente, ao PFL cabia a relatoria, e, assim, sucessivamente. Assim eram escolhidos os presidentes e relatores dessas Comissões. Não houve nenhuma dificuldade na escolha das Comissões Temáticas e das subcomissões.

É preciso fazer esse esclarecimento porque abrange os 25 anos.

Quando se chegou à Comissão de Sistematização, prestou-se uma homenagem a Affonso Arinos, que era do PFL. Todas as lideranças, sem exceção, acharam que ele merecia a presidência dessa Comissão, e assim foi feito. Nesta linha, a relatoria caberia ao PMDB, e falava-se que Tancredo tinha uma preferência pelo

Pimenta da Veiga, então deputado federal e líder do partido na Câmara dos Deputados. Mas Ulysses, como era de São Paulo, tinha preferência pelo senador Fernando Henrique Cardoso, que depois viria a ser presidente da República, líder do partido no Senado. Havia um comentário de como ficaria essa composição. Quando este comentário chegou a mim, que era um deputado federal, cassado pelo AI-5 — perdi 10 anos de direitos políticos —, presidente da Ordem dos Advogados do Brasil (OAB) e companheiro de Ulysses desde 1967, eu o procurei e disse que Fernando Henrique era homem de cultura, mas sociólogo, não afeito às regras jurídicas, e que Pimenta da Veiga era um deputado que havia concluído o curso de direito havia uns quatro anos. Não fiz nenhuma restrição aos dois, apenas apontei essas dificuldades e entrei nessa disputa. Isso criou um mal-estar enorme, porque eu representava um terceiro a se intrometer em algo que já estava, provavelmente, ajustado.

Ulysses reuniu as lideranças e, vivo como era, propôs que houvesse um relator e dois correlatores. Maldosamente, agradeci, pois eu teria dois correlatores, mas ele logo disse que não seria eu.

Nesse instante, saltou o deputado Cid Carvalho, do Maranhão, e fez um discurso absolutamente procedente, mas que me prejudicava muito, pois propunha que a bancada, com mais de 300 parlamentares, escolhesse o relator.

Acontece que o Fernando Henrique trazia de São Paulo mais de 30 parlamentares, e o Pimenta da Veiga também o mesmo número. O Amazonas tinha oito deputados, o mínimo que se pode ter, e destes apenas três eram do PMDB. Havia eu batalhado muito pela Assembleia Nacional Constituinte e não encontrava outro caminho, senão o de aceitar a proposta. Ulysses também não pôde recusar. E foram sorteados os candidatos para falar. O Fernando Henrique foi o primeiro, eu o segundo, e Pimenta da Veiga por último. Os discursos foram excelentes, mas fiz questão de destruí-los com o argumento de que eu havia sido cassado, perdido os meus direitos políticos, que a revolução havia interrompido a minha carreira de professor universitário e que, por essa razão, não tinha compromisso absolutamente algum, com quem estivesse dentro ou fora da Assembleia Constituinte, para redigir a Constituição.

Como havia muitos parlamentares novos na Constituinte, essas palavras caíram em suas cabeças, e o resultado foi que Fernando Henrique perdeu com 80 votos. Eu e o Pimenta empatamos, cada qual com 84 votos, e fomos para o segundo turno.

Aqui, faço um parêntese sobre o registro de um homem muito correto e sério chamado Mário Covas. Em 1967, o Mário era líder da oposição, e eu era o primeiro vice-líder dele.

Quando veio o processo do Márcio Moreira Alves, como eu era o advogado, fui encarregado, em primeiro lugar, da sua defesa e disse que não concordava com o discurso que ele havia feito. Destaquei a inviolabilidade do mandato parlamentar e, assim, eu defendia o dele. O prêmio que recebi foi ser cassado, mas ficou cada vez mais forte minha amizade com Mário Covas, ambos cassados pelo governo militar.

Quando começou a disputa na relatoria, comuniquei ao Mário que eu era candidato. Mas ele, sempre muito correto, disse que, mesmo sendo meu amigo de longa data, tendo sido seu primeiro vice-líder e também cassado, não poderia deixar de votar e trabalhar a favor de Fernando Henrique, pois eram colegas no Senado e na mesma bancada estadual. Mas, ao longo da conversa, em tom de brincadeira, perguntei, se houvesse um segundo turno, como seria. Ele não me respondeu.

Quando Fernando Henrique foi eliminado, venci o Pimenta da Veiga no segundo turno com mais de 20 votos, e isso atribuo ao Mário. Ele deve ter me apoiado sem nunca ter falado, sem eu nunca ter perguntado. E, assim, fui escolhido relator. Teve a torcida, inclusive, do nosso amigo e companheiro do Conselho, ministro Leônidas. E essa é a verdade histórica.

A Comissão de Sistematização recebia coisas absolutamente impensáveis e superpunham uma matéria à outra, com mais de 2 mil artigos. O início dos trabalhos foi muito difícil.

É preciso situar a época em que essa Constituinte teve início. Faziam parte dela guerrilheiros, banidos, aposentados pelos atos institucionais, revanchistas e aposentados compulsoriamente. Todos queriam colocar um pouco de seu trabalho lá dentro.

Da Comissão de Sistematização, ao concluir os seus trabalhos, saiu exatamente aquilo que fora aprovado pela Comissão de Notáveis: o sistema parlamentarista de governo. Affonso Arinos, José Fogaça, Fernando Henrique, vários outros e eu fomos os autores da redação aceita pela Comissão de Sistematização.

No Plenário, tivemos algumas surpresas, e o sistema parlamentarista de governo foi derrubado. Cometeram um equívoco imenso.

Na hora da derrubada, procurei o Humberto Lucena, que era líder dos presidencialistas e presidente do Senado. Falei que o sistema parlamentarista já havia sido aprovado. E a ele profetizei: "Medida Provisória só pode conviver com sistema parlamentarista de governo. Se essa Medida Provisória ficar, vocês darão ao presidente da República um poder que nenhum ditador do Brasil, em tempo algum, teve. Ele usurpará os poderes do Congresso Nacional, editando medidas provisórias sem obedecer a ninguém".

O pior é que a emenda do sistema parlamentarista que entrou na Constituição dizia que, havendo relevância e urgência, se não fosse convertida em lei, ao cabo de 30 dias, sustava os efeitos. Foram ao Supremo e conseguiram que fossem reeditadas as medidas provisórias.

Todos os presidentes, depois da Constituição de 1988, usaram a Medida Provisória; editavam-na e, o mais grave, na reedição, embutiam matérias que não constavam do original. Essa farra continuou.

Chegamos agora aos 25 anos, e o que se diz é que esta Constituição é longa e detalhista, contém assuntos de natureza infraconstitucional que não deveriam nela figurar, enfim, coisas terríveis com as quais até eu procurei não concordar.

Observem que, no Ato das Disposições Constitucionais Transitórias, nós os constituintes colocamos a possiblidade de revisão constitucional cinco anos depois, ou seja, em 1993, imitando, em parte, a Constituição portuguesa, na qual é possível fazer a revisão várias vezes. No nosso caso, pelo menos uma vez ela seria feita de forma unicameral, Senado e Câmara e pelo voto da maioria.

A previsão dos cinco anos era porque sabíamos que, em 1990, haveria eleição para presidente da República e a nova Presidência tomaria medidas que poderiam ser expurgadas na revisão constitucional, em 1993. Mas, infelizmente, não foi aproveitada essa revisão.

Fala-se que a Constituição é longa e detalhista, mas não se leva em conta a época em que ela foi redigida. Tinha-se uma dicotomia mundial absolutamente clara. Havia o regime comunista de um lado, com a União das Repúblicas Socialistas Soviéticas, e o regime capitalista de outro, comandado pelos Estados Unidos. E as bancadas, ora da esquerda, ora da direita, olhavam o que lhe parecia mais simpático.

A Assembleia Nacional Constituinte elege um cidadão com poder constituinte originário, e esse poder concede ao derivado a possibilidade de emendar. É claro que há uma enormidade de emendas visivelmente feitas a reboque de interesses meramente circunstanciais.

Diante das mudanças que o mundo sofreu, é possível dizer que poderíamos fazer uma Constituição diferente, mas sempre faço questão de ressaltar a importância de se voltar atrás e considerar a época em que ela foi redigida. Não dispúnhamos daquele esboço prévio, não tínhamos grandes juristas na Constituinte, e ainda existiam pessoas que sussurravam aos ouvidos do presidente da República, alertando-o que a Constituição não duraria seis meses. Até um ministro da Fazenda disse que o país ficaria ingovernável. Mais tarde, ele se retratou, dizendo que não se tratava de governabilidade, mas do lado financeiro, sobre o qual falarei agora.

Assinalo, como retrocessos, alguns itens. Um dos grandes retrocessos é a forma como foi feita a repartição das receitas tributárias. Estavam lá dois eficientes constituintes, aos quais eu encarregara essa matéria: o José Serra e o Francisco Dornelles, que não tiveram condição de fazer melhor.

Elencando outros itens de retrocesso: a derrubada pelo Plenário do sistema parlamentarista; o texto do Instituto de Desapropriação para fins de Reforma Agrária, que ficou muito pior do que aquele do Estatuto da Terra, dos militares — condenam o governo militar, mas este tinha um Estatuto da Terra melhor do que o nosso —; o Sistema Financeiro Nacional, com os incisos I, II, III, IV, V, VII, VIII e seus parágrafos, do art. 192 — lamentavelmente não havia na Assembleia Nacional Constituinte alguém que pudesse dar uma orientação distanciada de qualquer interesse pessoal sobre esse sistema tributário —; a atribuição de competência aos estados e ao Distrito Federal para incluir imposto sobre operações relativas à circulação de mercadorias; a dubiedade na participação das entidades federativas nos resultados de exploração de gás e petróleo; a aplicação dos impostos de certas operações interestaduais caber ao estado de origem, e determinados artigos que não deveriam figurar no texto constitucional. Isso poderia ter sido feito, corrigido na revisão, hoje é possível fazê-lo por emenda constitucional.

Em contrapartida, vou mencionar os avanços da Constituição. E duvido que alguém possa combater isso. Primeiro, a expressa consagração do respeito aos direitos humanos como princípio fundamental. Nenhuma outra Constituição do Brasil abriu o seu porte com o ser humano, sempre era o Estado. A última, de 1946, que era considerada a mais democrática, o Estado vinha depois do art. 100. Esta é considerada Constituição Cidadã por causa disso, porque começa com o cidadão. Outro avanço, e aí eu falo com o nosso amigo desembargador Marcus Faver, porque foi ele quem criou o Fundo quando presidiu o nosso Tribunal de Justiça: a Constituição assegurou ao Poder Judiciário autonomia administrativa e financeira. Essa autonomia jamais fora concedida anteriormente. Os presidentes dos Tribunais de Justiça do Estado ficavam à mercê dos secretários de Fazenda. O terceiro avanço, e isso é importantíssimo para o Poder Judiciário, é a obrigatória promoção do juiz que figure por mais de três vezes consecutivas, ou cinco alternadas, em lista de merecimento. Isso significa dizer que a promoção não depende mais de uma indicação do Poder Executivo, que na maioria se dava em razões pessoais, o que infelizmente ainda acontece no Supremo Tribunal Federal.

Faço aqui um parêntese para falar dos 25 anos da Constituição. Quando começaram os trabalhos da Assembleia Nacional Constituinte, havia emendas de todo o jeito. Ora se criava o Tribunal Constitucional, ora o Supremo teria mandato de sete anos e, depois, mais sete anos, e assim foram. Quando eu vi que essa competência sairia das mãos do presidente da República — estou me referindo a 27 anos atrás, não sei se hoje eu faria isso, meus argumentos eram absolutamente procedentes —, eu citei alguns nomes: Célio Borja, Evandro Lins e Silva, Hermes Lima, todos oriundos da classe de advogados, como indicação para o Supremo.

O mundo precisa compreender que, 25 anos depois, não estamos mais naquela época de 1987, com todos aqueles percalços. Que Constituição pensou em *habeas data*? A nossa. Qual fez a consagração constitucional, fortalecendo de um lado o sindicato e de outro o empregador? Quem é que deu a maior dimensão do sufrágio universal dos direitos humanos? A nossa.

Quando se diz que o art. 5º, com todos os seus incisos, é uma imensidão de direitos que não correspondem aos deveres que a Constituição deveria ter previsto, volto àquela tese: estávamos saindo de uma excepcionalidade institucional para um reordenamento constitucional. Não estávamos sentados, como esteve o nosso Francisco Campos, chamado de "Chico Ciência", justamente por sua brilhante inteligência, escrevendo sozinho a sua Constituição com um único datilógrafo. Constituição perfeita, mas durou só oito anos. Imitava a Constituição da Polônia, por isso mesmo chamada de "Polaca".

A diferença em 1987 era brutal em relação a tudo o que estávamos vivendo. Havia os que não tinham absolutamente nenhum sentimento de vingança ou revanche, eu era um deles. Mas existiam outros revanchistas consagrados. Alguns guerrilheiros do Araguaia exigiam um trabalho enorme do relator e hoje confessam, publicamente, que se fosse aprovada a Constituição que o PT escrevera, teria sido um desastre. O próprio presidente Lula declarou isso na OAB, em reunião recente, olhando para mim.

Não é possível que se faça somente críticas à nossa Constituição, como este artigo que me foi encaminhado pelo ministro Galvêas, e que vou ler agora o que destaquei: "A grande verdade é que esta Constituição, que tem seus os objetivos de sociedade livre, justa e solidária, não deveria ter a prolixidade da nossa que tem 250 artigos". Mas se essa pessoa estivesse lá e ajudasse a escrever esta Constituição, diria que foi um milagre conseguir reduzir tudo a apenas 250 artigos. E diz mais: "Para ficar só num exemplo, a única Constituição americana, datada de 1787, portanto com 226 anos, só teve até aqui 26 emendas". O que este cidadão não sabe é que a Suprema Corte dos Estados Unidos legisla em Direito Constitucional. A nossa Suprema Corte aqui, que é o Supremo Tribunal Federal, defende a Constituição, mas não legisla. Realmente lá só tem 26 emendas, mas existem quatro volumes em matéria de direito constitucional.

Preciso tocar em dois tópicos que não se pode deixar de tocar. Um é mais recente e o outro mais antigo. O mais recente é que os grandes conselheiros da presidente da República disseram que era preciso convocar uma Constituinte exclusiva. E ela veio aos jornais dizer que estava no Poder, que o Legislativo estava aberto e o Poder Judiciário funcionando. Onde é que está a ruptura constitucional para se convocar uma Assembleia Nacional Constituinte e, ainda por cima, exclusiva? Exclusiva de quê? Para quê? Onde? Vejam como, neste país, opinamos até como se fôssemos um juiz de futebol. É o caso de quem passa além das chinelas, só para lembrar a fábula de Apeles.

O outro ponto, e neste eu quero me demorar um pouco mais, é a tolice de se ter dito que o país ficaria ingovernável com esta Constituição.

Costa e Silva, presidente da República, acometido de um acidente vascular cerebral, ficou impedido de dar sequência à sua gestão. O então vice-presidente da República, Pedro Aleixo, homem sério, mineiro, professor de direito, que tinha sido presidente da Câmara dos Deputados, em 1937, foi impedido de assumir a Presidência da República. Quem assumiu foi uma Junta Militar, composta dos ministros do Exército, da Marinha e da Aeronáutica.

Quando o Collor foi afastado do poder por *impeachment*, quem assumiu a Presidência da República foi o vice Itamar Franco e não uma Junta Militar, e concluiu todo o seu período. Depois veio o presidente Fernando Henrique Cardoso, que se elegeu e reelegeu; o Lula se elegeu por quatro anos e se reelegeu por mais quatro; e agora a Dilma também. Se fosse ingovernável, a partir daquela altura, o Itamar Franco não teria assumido. Quem garantiu foi a Constituição de 1988. Esta Constituição de 1988 deu-lhes a possibilidade de assumir e reassumir o poder, porque estamos num estado de direito funcionando absolutamente. Não tivemos, a partir desta Constituição, nenhuma crise política como houve anteriormente. Se o país fosse ingovernável, como queria esse cidadão, teria sido uma tragédia.

Em julho de 1988, correu um boato na Assembleia Constituinte de que ela não iria adiante. Havia forças interessadas em pôr o bloco na rua, sobretudo por causa da história de que ela, se fosse promulgada, não duraria mais de seis meses. O Ulysses foi para a Tribuna e fez um discurso fantástico. E profetizou: "Nós viemos aqui para escrever uma Constituição e não para ter medo. Essa Constituição terá cheiro de amanhã e não cheiro de mofo".

Abro um parêntese aqui para dizer que, na manhã daquele dia, estávamos reunidos Paulo Affonso, à época secretário-geral e, depois, ministro do Tribunal de Contas, Osvaldo Manicardi, que era um secretário do Ulysses, e eu. Ulysses chegou com o discurso pronto, dizendo que seria o discurso que faria naquele dia. Outro dia, alguém de molecagem veio dizer que demos palpite na elaboração do discurso. Não é verdade! Nunca dei palpite nesse e em nenhum discurso do Ulysses, porque sei reconhecer muito bem o meu lugar. Falo por mim e pelos demais que ali estavam.

Vinte e cinco anos decorridos e aquele cidadão que declarou que a Constituição não duraria seis meses deve estar dando voltas no túmulo, por se ver como um catastrofista muito malcriado para fazer o que fez.

Sei que me alonguei em demasia. É natural, pois fui uma espécie de protagonista que sofri. Mas deixem que lhes diga uma coisa muito pessoal sobre dois momentos difíceis por que passamos. Um é que, quando o Ulysses viajou a São Paulo para tratar de um problema coronário, não sabíamos se ele voltaria com saúde para continuar os trabalhos. O outro é que, todas as noites, quando encerrávamos os trabalhos e saíamos da Assembleia Constituinte, Fogaça, Conde Reis e eu íamos para a Secretaria de Tecnologia da Informação (Prodasen), que era o lugar onde cruzávamos os dados das 60 mil emendas. Sempre havia uns gaiatos que telefonavam para minha casa, fazendo ameaças terríveis para minha mulher, dizendo que sequestrariam nossa neta, que me matariam, mas Ulysses, Paulo Affonso e eu decidimos não dar nenhuma notícia sobre essas ameaças. Naquela altura, isso teria servido de exploração contra mim, sobretudo.

Valho-me do padre Vieira, que em sua defesa perante o Santo Ofício, ao cansar por demais os seus julgadores, durante oito horas de julgamento, exclamou: "Perdoem-me, se me alonguei em demasia, não tive tempo de ser breve". É o meu caso. Muito obrigado.

Conselheiro Célio Borja: Senhor presidente, é difícil dizer o que é mais importante neste depoimento do Bernardo Cabral, se o detalhe; se a notável franqueza, com tantos detalhes dos quais creio que nenhum de nós tinha conhecimento, muito menos o povo brasileiro; se, não diria a emoção, mas a devoção ao real, à verdade. Não a verdade fingida, mas a verdade real, os fatos. Não sei ao que mais elogiar. Faço apenas uma ressalva, é de que, sem desmentir em nada o que foi dito por Bernardo Cabral, outros poderiam dar depoimentos complementares a respeito não apenas da Constituinte, mas, por exemplo, das relações do presidente Ulysses Guimarães com o governo. Da ideia que tinha o presidente da Constituinte de que ela, sendo ilimitada, encarnando todo o poder, poderia também invadir as atribuições do Poder Executivo, o que levava o presidente José Sarney a uma atitude, não diria de defensiva, mas de indignação com as tentativas sucessivas de usurpação de suas atribuições constitucionais. Poderia também contar os pródromos da convocação da

Constituinte. Coube-me, a pedido do presidente Sarney, redigir a proposta de emenda à Constituição, e convocou-se a Constituinte, tal como ela felizmente veio a se realizar. A Constituinte exclusiva, sem as limitações quanto ao seu poder de dispor sobre a ordem jurídica brasileira e, enfim, a elaboração dessa emenda no Congresso — da qual foi relator uma dessas figuras de que falou Bernardo Cabral —, a meu ver, num certo sentido, criaram coisas que não tinham absolutamente a ver com a Constituinte. A emenda original era muito simples, dizia que o Congresso Nacional seria dotado de poderes constituintes pela eleição. A eleição se faria para um Congresso com poderes constituintes originários, e que a Constituinte faria o seu próprio Regimento. Basta, não precisa de mais nada. Se ela é de fato autônoma, se ela faz suas próprias regras, não precisa dizer mais nada, basta dizer que ela fará. Isso a emenda previa.

Mas, enfim, Bernardo, queria parabenizá-lo pelo seu depoimento. Ele é histórico. Felizmente, você vai reduzi-lo a termo e isso é uma contribuição importante para a história constitucional do Brasil. Concluo apenas com uma observação quanto ao próprio Bernardo. Costumo dizer que ele me lembra sempre o título de um livro de André Maurois, *Un art de vivre*, "arte de viver". Não conheço ninguém que tenha mais esta arte do que o Bernardo. Ele é realmente um craque em matéria de saber viver. Vejam a paciência com que ele aguentou, durante 25 anos, não diria o ostracismo, mas o esquecimento. Ao que parece, não lhe fizeram falta os elogios, os agradecimentos, o reconhecimento universal, nada disso pareceu o incomodar. Ele viveu a vida dele e aguardou este momento. E é um momento raro na vida do Brasil, não apenas pelas homenagens justas que tributamos ao Bernardo, mas pelo fato de ser uma Constituição que já dura 25 anos. Lembro-me sempre da de 1946 que durou 21 anos. A de maior duração foi a do Império e era realmente um monumento. Considerando as ideias daquele tempo, era uma Constituição notável.

E, Bernardo, aí está, 25 anos depois, você recebe o prêmio que merece e nós, este outro prêmio. Temos uma Constituição democrática que já dura 25 anos.

Conselheiro Bernardo Cabral: Só gostaria de dizer ao ministro Célio Borja, meu querido amigo de longa data, a história corrige as injustiças. Obrigado, Célio.

Conselheiro Marcus Faver: Queria, primeiro, cumprimentá-lo, mas não com um cumprimento formal, usado para agradar às pessoas. É um agradecimento da história do Brasil, pela exposição que você fez. Como o Célio Borja mencionou, poucas pessoas, ou quase ninguém, sabiam desses detalhes, da escolha do relator, da forma como isso foi feito. Não está registrado em lugar algum, e isso é espetacular para perceber a grandeza que a Constituição teve na sua própria formatação. Isso é realmente um histórico necessário para a vida jurídica e política do Brasil. Mas duas ou três questões me deixaram preocupado no sentido de obter um esclarecimento autêntico de quem participou da história.

Tínhamos um anteprojeto sabidamente com tendências parlamentaristas. A Comissão Affonso Arinos, todos sabem, foi uma guinada para o parlamentarismo. Na Comissão já instituída tínhamos pessoas como você e como o Adolfo de Oliveira, a quem eu faço uma referência especial, porque o chamava de jurismédico. Ele era médico e tinha uma visão jurídica extraordinária. Eu me pergunto o que houve para mudar essa tendência que se esperava de haver uma mudança para o sistema parlamentarista. Quais foram essas forças que derrubaram essa tendência?

Conselheiro Bernardo Cabral: Recentemente, publicaram em algum jornal do Sul duas coisas fortes, uma dizia que as Forças Armadas tinham coagido a Assembleia Nacional Constituinte e outra, o presidente Sarney. Escrevi uma resposta imediata.

O presidente Sarney brigou, e até certo ponto isso era justo, porque estavam lhe tirando parte do mandato, mas ele nunca interferiu, pelo menos diretamente, comigo. E, quanto às Forças Armadas, é uma mentira deslavada, pois tinham um corpo técnico de assessoria brilhante. O nosso amigo Leônidas era ministro do Exército.

O que houve, aí sim, era o que se comentava, essas segundas pessoas começaram a distribuir, fazendo um paralelo com São Francisco: "É dando que se recebe". Correu à boca grande que todos que estavam pensando em se candidatar à Presidência da República, apesar de dois deles terem simpatia pelo parlamentarismo, queriam o presidencialismo. Então, os que poderiam ter sido a favor do parlamentarismo, porque gostavam desse sistema, não o foram. O Lula mesmo falou que o PT votou pela derrubada do parlamentarismo porque se esperava que ele viesse como presidente da República.

Não sei, porque não participei da história, mas corrijo, quando se atribui a pessoas que não tiveram absolutamente nada a ver com isso. Até porque, durante todo o tempo em que fui relator, tinha passado pela Assessoria da Presidência da República, que foi quem ajudou a redigir a convocação da Assembleia Legislativa, um jurista chamado Célio Borja, e nunca deu nenhum telefonema para nenhum dos constituintes, fazendo qualquer insinuação. E o ministro Leônidas, que é meu companheiro-amigo há 53 anos, nunca me telefonou para fazer pedido algum, ao longo da história das Forças Armadas. A única coisa que ele fez foi dar uma contribuição indispensável contra a criação da nação dos ianomâmis, que naquela altura teria sido um desastre. Como também contribuiu de outro lado, pelo Itamaraty, meu amigo e grande diplomata que foi injustiçado, Paulo de Tarso Flecha de Lima. A certa altura, apresentaram uma emenda, criando a possibilidade de o deputado no exercício do mandato ser embaixador, onde houvesse segunda classe, e o senador ser de primeira classe. Quando apresentaram essa emenda, todas as lideranças foram favoráveis. Perguntaram se eu estava de acordo. Disse que sim, mas apresentei um substitutivo à emenda, propondo que os embaixadores de segunda classe tivessem direito a serem deputados federais, e os de primeira classe, senadores. Foi uma gritaria. Como dar um título de deputado e senador a quem não passou pelo púlpito de votos? E eu perguntei: como vocês querem ser embaixadores sem passar pelo Instituto Rio Branco? E foi assim que derrubei a emenda. Isso também não se conta. Derrubei, apenas por questão de justiça.

Conselheiro Cid Heraclito de Queiroz: Senador Bernardo Cabral, muito agradecido pelas lições memoráveis desta tarde. São contribuições não só à história da Constituição, mas à do país. Nós esperamos que esta palestra seja publicada para completar e dar substância à história da Constituição Brasileira de 1988.

O nobre conferencista, em outras oportunidades, sempre destacou, com muita propriedade, que a nossa Constituição de 1988, ao contrário das anteriores e as de outros países, que começam pelo capítulo relativo à organização dos Poderes e à organização do Estado, a nossa começa por um capítulo sobre os direitos e as garantias fundamentais, ou seja, os direitos e deveres individuais e coletivos e os direitos sociais. Mas quero aproveitar esta oportunidade para lembrar ao querido Bernardo que, além disso, a nossa Constituição contém um preâmbulo notável. Basta dizer que ele se refere ao estado democrático de direito, que é a República Federativa do Brasil, nos seus compromissos com a liberdade, a segurança, o bem-estar, o desenvolvimento, a igualdade e a justiça, e contém a referência de tratar-se de uma nação comprometida, na ordem interna e internacional, com a solução pacífica das controvérsias. É um texto que realmente não se encontra nas Cartas dos outros países. Além disso, há o art. 1º, que enumera os princípios fundamentais da República Federativa do Brasil: a soberania, a cidadania, a dignidade da pessoa humana, os valores sociais do trabalho e da livre-iniciativa e o pluralismo político. E, ainda, o art. 3º, que indica os objetivos fundamentais que são a constituição de uma sociedade livre, justa e solidária, a garantia do desenvolvimento nacional, a erradicação da pobreza e da marginalização, a redução das desigualdades sociais e regionais e a promoção do bem-estar de todos, sem preconceitos.

São princípios da maior importância que estão enumerados nos artigos que antecedem o art. 5º, sendo que o art. 3º trata dos objetivos fundamentais que correspondem aos objetivos nacionais da doutrina defendida, há décadas, pela Escola Superior de Guerra, e essa doutrina foi objeto de um trabalho quando cursei essa instituição.

Outro destaque que também merece citação nas suas palestras é, no Título VI, da Tributação, do art. 150, que estabelece as limitações ao poder de tributar. Não tenho dúvidas de que, se não fosse esse artigo, todos nós aqui estaríamos "enforcados" pela Receita Federal. Esse artigo impede as "barbaridades" que os órgãos fiscais costumam propor e defender.

No que tange à crítica à extensão da Constituição, de fato são 250 artigos e mais 96 do ADCT. Mas é também importante lembrar que, depois disso, tivemos 79 emendas em 25 anos, contra 27 emendas em 226 anos da Constituição americana. Ao todo, nós temos, entre artigos, parágrafos, incisos, alíneas e itens, talvez, mais de mil normas. Mas, como o senador Bernardo Cabral bem lembrou, isso será alcançado depois de um filtro de 60 mil emendas. Basta isso para reconhecermos a alta qualidade e a grande contribuição ao país dada pela Constituinte, sobretudo pela Comissão de Sistematização, que fez esse filtro.

Em relação à Medida Provisória, cabe destacar que ela é até mais ampla, por incrível que pareça, do que o Decreto-Lei da Constituição de 1967-69. Foi inspirada em outras Cartas, inclusive a Carta da República Italiana. É uma medida indispensável. O ministro Mailson da Nóbrega já declarou que, se não fosse a Medida Provisória, este país não funcionaria, porque é ela que possibilita a adoção pelo governo de medidas realmente relevantes e urgentes. A prática é que consagrou o abuso. Temos hoje 1.244 medidas provisórias expedidas, das quais o campeão é o presidente Lula, com 414. Realmente, na maioria dos casos, a matéria não é nem relevante nem urgente como a Constituição exige, mas o Supremo Tribunal também "lavou as mãos", entendendo que essa matéria constitui juízo político e que cabe ao Congresso Nacional aprová-la ou não.

Parabéns, Bernardo Cabral, e mais uma vez obrigado.

Conselheiro Leônidas Pires Gonçalves: No final dos trabalhos, chegamos à conclusão de uma Constituição possível, porque ela espelhava os sentimentos sociais e políticos e mesmo emocionais da época. Nas minhas andanças pelo direito constitucional, quando escrevi minha tese na Escola Superior de Guerra, tive um encontro muito propício para os meus conhecimentos, foi com Sólon, sábio da Grécia Antiga. Atribuíram a ele a seguinte manifestação, quando perguntado sobre qual seria uma boa constituição. Ele respondeu: "Diga-me primeiro para que povo e para que época". A nossa Constituição atendeu a esses dois aspectos. Atendeu à época e atendeu às características do nosso povo.

O poder constituinte:
fonte legítima – soberania – liberdade

Deputado constituinte J. Bernardo Cabral

> *Se sofreres uma injustiça, consola-te.*
> *A verdadeira desgraça é cometê-la.*
> PITÁGORAS

Sumário: Apresentação — I Introdução — II Fonte de pressão e ordem — III A Constituinte de 1987 — IV Constituinte derivada — V Limites dos poderes de Constituinte derivada — VI Congresso Constituinte — VII Limites do Congresso Constituinte — VIII Poderes constituintes secundários — IX Revolução e ruptura da ordem jurídica — X Conclusão

Apresentação

Este trabalho é menos uma resposta do que um alerta à Nação. Encerra ele o objetivo maior de chamar a atenção de uns, despertar o imobilismo de outros e sacudir a indiferença de tantos.

O país está à deriva. No entanto — quando todos deveriam unir-se — surgem, aqui e acolá, críticas dirigidas à Assembleia Nacional Constituinte, cuja única fonte legítima de poder é o povo.

Por que isso? É inteligível, oportuno, satisfatório? A quem aproveita?

Uma dessas críticas — porque partidas em livro do titular de um dos mais importantes cargos em comissão do Poder Executivo: o senhor consultor-geral da República — impõe uma resposta. Serena, sincera, construtiva, altiva — e não há como confundir altivez com arrogância, porque se esta é um defeito, aquela é uma qualidade —, própria de quem a formula senão por um imperativo de consciência.

É que no exercício, primeiro de relator da Comissão de Sistematização e agora — portanto, com muito mais razão — no de relator do Projeto de Constituição, tal contestação é uma decorrência natural de quem — e talvez o único — não se pode quedar equidistante a ataques tão soezes quão improcedentes.

Devo colocar em relevo — até por uma questão de justiça — que este trabalho muito ficou a dever ao esforço e incentivo dos meus relatores adjuntos, senador José Fogaça, deputados Adolfo Oliveira e Antônio Carlos Konder Reis, sobretudo a este último, sem cuja orientação e dedicação — ele que foi relator-geral da Constituição de 1967 — seria impossível a sua existência.

E, por fim, um agradecimento ao presidente Ulysses Guimarães, que sentiu, na qualidade de titular da Assembleia Nacional Constituinte, a necessidade de trazer ao conhecimento do povo brasileiro o conteúdo deste texto.

E o fez para repor a verdade histórica. Ainda bem: fica o país a dever-lhe mais este serviço.

Brasília, fevereiro/1988.

J. Bernardo Cabral

I. Introdução

Com o objetivo de sustentar a tese de que a Assembleia Nacional Constituinte, cujos trabalhos se inauguraram a 1º de fevereiro de 1987, tem, formal e juridicamente, o caráter constituinte derivado ou de segundo grau (poder secundário, relativo ou limitado), o senhor consultor geral da República deu a lume longo e ambicioso escrito — recentemente transformado em livro.

O exercício intelectual a que se deu o senhor consultor geral, passados mais de sete meses de funcionamento da Assembleia, arrima-se em trabalhos da maior valia, produzidos por 40 juris-publicistas. Um deles, o saudoso parlamentar Paulo Serasate, cujo nome é mencionado na bibliografia, não tem sua obra identificada nem suas lições transcritas no texto, prenhe de citações, o que revela ser o exercício intelectual ora comentado, já em sua parte não discursiva, falho.

Por entre as numerosas citações, o autor desenvolve veemente argumentação. Deixadas de lado, por inconsequentes, algumas colocações grosseiras como aquela que, sem propósito, afirma, ao término de uma lição sobre o conceito de reforma política, que "não se espera que disto saiba o constituinte que se elegeu debatendo congelamento de preços e ágios nos preços da carne e ovos", o documento merece atenta análise. É o que se nos cumpre fazer na qualidade de relator do Projeto de Constituição da Comissão de Sistematização e no plenário. A melhor forma de fazê-lo é seguir o seu roteiro.

II. Fonte de pressão e ordem

O trabalho começa por uma introdução que contempla duas epígrafes. A primeira diz: "Pode-se reformar, porém não substituir as instituições". Segundo o consultor geral, a sentença figura na página 311, volume III, dos *Comentários à Constituição de 1946*, de Carlos Maximiliano. Todavia, na quinta edição (atualizada) dessa obra, datada de 1954, ela não existe na página 311 nem em todas as outras (303, 304, 305, 306, 307, 308, 309, 310, 312, 313, 314, 315, 316), que contêm os comentários sobre os artigos 217 e 218 da Carta de 1946, relativos ao poder de emenda à Constituição.

A segunda epígrafe reproduz Carl Schmidt, em sua obra *Teoría de la Constitución*, página 121 (tradução mexicana, de 1966), que pontifica: "Isto não é reforma da Constituição, mas sua destruição" (§11, I, 2, *a*, que disserta sobre "Limites da Faculdade de Reforma à Constituição").

A epígrafe é deploravelmente desidiosa, por que isolada não expressa com fidelidade o pensamento integral do autor. Basta atentar para a observação constante da página 24 (§11, I, *b*), que adverte: "*Hasta ahora non se hay tratado en la teoría constitucional de la questión de los límites de la facultad de reformar o revisar la Constitución*".

Sob a égide de tais epígrafes, sem dúvida equivocadas, o autor comete outros enganos. Assim, na segunda linha da síntese do trabalho que se segue às epígrafes, lê-se: "*Submissão jurídica e política à ordem constitucional vigente, reconhecida no próprio Regimento Interno da Assembleia Nacional Constituinte*" (grifo nosso).

Logo no segundo parágrafo, à síntese vem a afirmação "da prevalência de uma ou outra fonte de pressão dependerá a qualidade da Constituição e, em consequência direta, a duração dela e da *ordem que instituiu*" (grifo nosso).

Ato falho? Seja ou não, cabe a pergunta: que ordem, se na síntese se afirma solenemente e no curso do trabalho se repete constantemente que a Constituinte será submissa à ordem constitucional vigente?

Soa estranho a citação da página 2, colhida em Georges Burdeau, pois ela não diz respeito às limitações de poderes e da competência do Congresso Nacional nas funções constituintes. Refere-se à noção de Constituição na resposta à pergunta "O que é uma Constituição?". Vale aqui transcrever todo o parágrafo da obra citada, para se constatar a dificuldade de entendimento:

Elle n'exclurait cependant pas le rôle du théoricien, car il faundrait bien convenir, tôt ou tard, que l'image que le public se fait de la constitution n'a pas la puissance d'en modifier la nature ni d'en accroître la vertu. Les Polonais ont pu faire une révolution au nom de la constitution qu'ils prenaient pour une femme, ils n'ont pu faire qu'elle soit une femme. La définition joue donc ce rôle préventif d'écarter, non tant l'erreur elle-même, que la désillusion qu'elle ne manque pas de provoquer. Définir la constitution ce n'est pas, selon moi, agencer, dans le silence du cabinet, un mécanisme harmonieux susceptible de satisfaire l'intelligence spéculative; c'est admettre d'abord que la constitution n'a cessé d'être, au cours des siècles, le point de convergence d'aspirations humaines; c'est chercher ensuite celles de ces aspirations que la constitution peut satisfaire, pour proposer en définitive une image de celle-ci dont les peuples puissent utilement trirer profit sans s'exposer aux déceptions que leur attirerait la croyance en une panacée. [George Burdeau, *Traité de science politique*, tome IV, pages 7 et 8, 1969]

III. A Constituinte de 1987

No título "Constituinte Brasileira de 1987 — como se classifica", o autor, mais de meio ano após a instalação da Assembleia Nacional Constituinte (o trabalho é datado de 10 de setembro e a Constituinte foi instalada a 1º de fevereiro), com a preocupação tardia, sem dúvida, de "prevenir um desastre social, que pode advir do processo constituinte conduzido com desvio e abuso de poder, com excesso de representação ou por infidelidade a ela", arroga-se o direito de definir "o limite dos poderes da Constituinte (originais ou secundários)". Mas, antes de qualquer esforço de busca de classificação, afirma categoricamente: "Não há dúvida de que a Assembleia Nacional Constituinte instalada no Brasil, em 1987, é derivada e que seus poderes são secundários, o que vale dizer que ela tem *poderes de reforma*, e que, por mais gerais que tais poderes sejam, não se revestem de força e autoridade suficientes para permitir deliberações sobre o que não poderia o Congresso decidir por simples emenda".

E a sentença de caráter irrecorrível proferida antes da argumentação e da comprovação — método singular, sem dúvida.

À margem, cabe uma singela indagação, ditada pela lógica: se é assim, por que o presidente da República não encaminhou ao Congresso Nacional uma ou mais emendas à Constituição em vigor, ao invés de submeter-lhe mensagem propondo a convocação da Assembleia Nacional Constituinte?

Depois da conclusão, o autor retroage à argumentação, detendo-se na análise e na interpretação de dispositivos do Regimento Interno da Assembleia Nacional Constituinte (Resolução nº 2, de 24 de março de 1987).

Retroage pouco e mal.

A classificação da Assembleia Nacional Constituinte de 1987 há de ser estabelecida se suficientemente conhecidos e corretamente interpretados fatos e atos bastante anteriores ao seu Regimento Interno.

No primeiro semestre de 1964, sob os impulsos de um movimento popular, fruto ou não de equívoco, as Forças Armadas, com o apoio, manipulado ou não, de significativa parcela da classe política (parlamentares, governadores e prefeitos), destituíram o presidente da República e operaram lesões na ordem político-institucional vigente, através dos chamados atos institucionais.

Após um período de convivência da Constituição de 1946 com os atos institucionais, o Congresso Nacional foi chamado a institucionalizar o quadro jurídico resultante, através da elaboração de nova Constituição, que foi promulgada a 24 de janeiro de 1967 e entrou em vigor a 15 de março do mesmo ano.

Durou pouco e, no curto espaço de tempo de sua vigência, ouviram-se as primeiras vozes em favor da convocação de uma Assembleia Nacional Constituinte, ideia que, informalmente, foi defendida, desde abril de 1964, pelo saudoso senador pela Bahia, Aluísio de Carvalho Filho. A ideia não prosperou, uma vez que a 13 de dezembro de 1968 o estamento militar impôs ao presidente da República a edição de ato institucional que promoveu a completa ruptura político-institucional.

Dez meses depois, os ministros militares, no exercício do poder supremo, completaram o Ato Institucional nº 5 com a outorga, sob o título de Emenda Constitucional nº 1, da Carta de 1969 (17 de outubro). A partir de então — e já se passaram 18 anos — a ideia de convocação da Assembleia Nacional Constituinte foi o grande motivo de todas as ações políticas ocorridas neste país.

Com o crepúsculo da ordem estabelecida a partir do Ato Institucional nº 5, a ideia cresceu. Ela foi a aspiração constante de todas as correntes políticas que lutaram pelo restabelecimento da plenitude democrática no país e o compromisso solene do líder do grande movimento surgido em 1984, o sr. Tancredo Neves.

Esse compromisso foi assumido e reiterado durante e após a campanha pelas eleições diretas, no curso de todos os entendimentos para a formalização da candidatura Tancredo Neves e enfatizado depois de sua eleição pelo Colégio Eleitoral a 15 de janeiro de 1985; o mesmo compromisso assumiu o seu companheiro, o sr. presidente da República José Sarney. Nem direta, nem indiretamente, explícita ou implicitamente foi objeto de discussão o caráter dos poderes dessa Assembleia Nacional Constituinte, então reivindicada como aspiração maior do povo brasileiro, aspiração tão grande que levou o povo a aceitar o Colégio Eleitoral, apoiar a Aliança Democrática e acolher a denominação da nova etapa política como "Nova República".

Foi a ideia da Assembleia Nacional Constituinte que sufragou a bandeira das mudanças. Se foi assim, e a memória da história presente não permite a quem quer que seja — nem ao mais competente, nem ao mais arguto — agredir a verdade, como amesquinhar a busca da classificação da Assembleia Nacional Constituinte nos limites de disposições esparsas do seu Regimento Interno?

Há que se olhar mais longe para se ver mais de perto a verdade.

A síntese desses fatos está clara na frase de Tancredo Neves, constante no discurso que lançou a Nova República. "Ela será iluminada pelo futuro poder constituinte que, eleito em 1986, substituirá as malogradas instituições atuais por uma Constituição que situe o Brasil em seu tempo".

A esses fatos, até aqui referidos ainda que palidamente, correspondem atos de caráter jurídico, cuja análise, para a classificação pretendida, é bem mais importante que aquela que o sr. consultor geral fez de alguns artigos do Regimento Interno da Assembleia Nacional Constituinte.

O primeiro deles merece transcrição na íntegra.

É a Mensagem nº 48, de 1985-CN (nº 330/85, na origem), encaminhada pelo sr. presidente da República, José Sarney, ao exame do Congresso Nacional, no dia 28 de junho de 1985.

Ei-la:

> É com a mais profunda confiança no discernimento e na vocação do povo brasileiro para organizar-se pacificamente em regime de liberdade e justiça que proponho a Vossas Excelências a convocação da Assembleia Nacional Constituinte.
> Compromisso histórico firmado no curso do movimento cívico que congregou brasileiros de todas as condições, com o propósito de democratizar a sociedade e o Estado, é a convocação da Assembleia Nacional Constituinte ato de coragem e de fé.
> De coragem, porque pressupõe, por parte de cada indivíduo que constitui a comunhão nacional, a disposição de submeter ao escrutínio da Nação direitos e situações, quantas vezes duramente conquistados, para vê-los disciplinados por novas regras, de conteúdo e alcance não conhecidos, que se espera mais justas, equânimes e conformes ao ciclo histórico que reponta no presente e se projeta em um futuro de extensão desconhecida.
> Ato de fé é a convocação da Constituinte, porque todos os anseios e temores do futuro repousam, afinal, na confiança que cada cidadão deposita nos sentimentos de seus irmãos, de procurarem, juntos, uma lei fundamental que a todos proporcione os bens necessários à vida digna, vivida em paz e liberdade. O compromisso, antes aludido, de convocação da Assembleia Nacional Constituinte, de par com todos os traços de generosa confiança e incontida

esperança que o exornam, singulariza-se pelo fato de estar em plena vigência uma ordem jurídica e suas instituições políticas e civis, cujo império se estenderá até o momento em que for promulgada a nova Constituição. Até lá, e sob pena de instalar-se o caos normativo, que a ninguém aproveitaria, é necessário respeitar a lei que temos e modificá-la segundo os processos por ela própria admitidos, para que a vontade de alguns não seja erigida em mandamento supremo de todos.

Da inelutável necessidade de manter e operar as instituições governativas vigentes, harmonizando-as à imperiosa aspiração de instaurar outras mais livres e justas, resulta o texto que ora submeto à deliberação dos senhores membros do Poder Legislativo da União.

Por isso, se prevê a investidura de poder constituinte pleno nos deputados federais e senadores escolhidos pelo sufrágio do povo brasileiro.

Evitando tutelar o órgão de tão alta atribuição, a proposta de emenda limita-se a prover quanto à direção das sessões de instalação e eleição do Presidente da Assembleia Nacional Constituinte e a indicar que ela funcione na sede do Congresso Nacional, como corpo único, sem a divisão própria do sistema bicameral. Este, contudo, subsistirá nos trabalhos da legislatura, enquanto poder constituído e segundo as normas constitucionais em vigor.

E, finalmente, fixa a duração da Iª Sessão Legislativa da 48ª Legislatura para a promulgação da nova Constituição, e o *quorum* da maioria absoluta, que determinará a adoção do projeto e das emendas respectivas.

Cumpro o dever assumido com a Nação pela Aliança Democrática. A Assembleia Nacional Constituinte realizará, sem dúvida, o grande e novo pacto nacional, que fará o País reencontrar-se com a plenitude de suas instituições democráticas.

Espero que, de agora, a sociedade se mobilize para criar a mística da Constituição, que é o caminho do Estado de Direito. *(Diário do Congresso Nacional*, 8 ago. 1985. p. 1282 a 1283)

O documento, todo ele, se contrapõe à argumentação do sr. consultor geral. Vale, contudo, destacar dois trechos; o primeiro diz: "Por isso nele se prevê a investidura de *poder constituinte pleno* nos deputados federais e senadores escolhidos pelo sufrágio do povo brasileiro" (grifos nossos). O segundo diz: "A Assembleia Nacional Constituinte realizará, *sem dúvida, o grande pacto nacional,* que fará o País reencontrar-se com a plenitude de suas instituições democráticas" (grifos nossos).

O cotejo das palavras do presidente da República com aquelas do sr. consultor geral conduz a uma inelutável indagação: em qual delas está a verdade?

Na sessão em que foi lida a mensagem presidencial, o sr. deputado Gastone Righi levantou a seguinte questão de ordem:

O SR. GASTONE RIGHI (PTB — SP, Sem revisão do orador.) — Sr. Presidente, a Constituição Federal, no seu art. 47, §1º, estabelece que não será objeto de deliberação a proposta de emenda tendente a abolir a Federação ou a República.
O Poder Executivo enviou, nesta noite, uma mensagem, encaminhando uma proposta de emenda à Constituição, na qual declara que os membros da Câmara dos Deputados e do Senado Federal reunir-se-ão em Assembleia Nacional Constituinte livre e soberana. Depois, declara que esta Assembleia elaborará um projeto de Constituição, e vai por aí afora. Esta emenda, ao declarar soberana a atribuição do futuro Congresso — que, aliás, erroneamente faz coincidir com a atual —, na verdade permite a esse conjunto de deputados e senadores abolir a Federação ou a República. Se não, não seria soberana. Ora, nenhum conjunto de homens nesta Nação, em qualquer tempo, por deliberação pacífica e ordeira numa Casa de Leis, pode apagar ou alterar a história pátria. Ninguém pode modificar aquilo que a história registra, isto é, o que foi construído por Tiradentes, D. Pedro I ou Deodoro da Fonseca. A República e a Federação são conquistas e fatos que a nossa História esculpe e inscreve de forma que legislador nenhum possa apagar.

Sr. Presidente, o Regimento Comum do Congresso Nacional, há pouco por mim declinado, estabelece, no seu art. 73, que "na sessão a que se refere o artigo anterior" — e a sessão é exatamente esta que estamos realizando — "o Presidente poderá rejeitar, liminarmente, a proposta que não atenda ao disposto no art. 47, §1º da Constituição".

Ora, esta proposta, ao permitir que o conjunto de deputados e senadores que aqui se reunirão no dia 31 de janeiro de 1987 possam tudo soberanamente, está permitindo que possam abolir a federação e a República. Logo, caberia ao Presidente do Congresso Nacional declarar, *in limine*, a rejeição da proposta de emenda à Constituição, encaminhada através da mensagem do Poder Executivo. Daí a minha questão de ordem, no sentido de que se faça cumprir o Regimento, em seu art. 73, e a Constituição da República, em seu art. 47, §1º. [*Diário do Congresso Nacional*, 8 ago. 1985. p. 1283]

Para contraditá-lo, o sr. deputado Celso Barros argumentou:

O SR. CELSO BARROS (PFL — PI. Sem revisão do orador.) — Sr. Presidente, é de todo infundada a questão de ordem arguida pelo nobre Líder Gastone Righi, que confunde convocação de uma Constituinte com a proibição constitucional atinente exclusivamente a um processo de reforma constitucional. A matéria consignada no artigo a que se refere S. Ex.ª prende-se exclusivamente à competência do Congresso Nacional para elaborar reforma constitucional e, em verdade, a diferença que existe entre uma assembleia ordinária, com capacidade para reformar a Constituição, e uma Assembleia Nacional Constituinte, incumbida de elaborar uma nova Constituição, é que aquela está limitada na sua ação, nos seus propósitos, pelo próprio texto constitucional, enquanto a Assembleia Nacional Constituinte é soberana, só tendo por limite os interesses da sociedade e da Pátria.

Daí, portanto, Sr. Presidente, procurar o nobre líder abroquelar-se no texto constitucional e num dispositivo regimental impertinente, é criar um problema que não pode absolutamente merecer a atenção desta Casa, porque este é um momento de seriedade, em que estamos realmente discutindo a convocação de uma Assembleia Nacional Constituinte que só apresenta uma coisa de anômala e extraordinária: é a primeira vez na história constitucional do Brasil que se convoca uma Assembleia Nacional Constituinte com um Congresso em funcionamento. E este fato, que parece estranho, naturalmente, ao arguinte da questão de ordem, não pode absolutamente merecer a atenção desta Casa, que hoje se volta para casuísmos constitucionais, mas para o problema relevante da convocação de uma Assembleia Nacional Constituinte, que visa não a reformar a Constituição vigente, mas a votar uma nova. Este Congresso está limitado pela Constituição, enquanto a Assembleia Nacional Constituinte, dado o caráter de soberania de que se reveste, pode mudar o estilo da própria organização do Estado, porque esta proibição existe simplesmente para o Congresso Nacional reformar e não para o Congresso Nacional votar uma nova Constituição.

Não há, portanto, procedência na questão de ordem suscitada. (Palmas.) [*Diário do Congresso Nacional*, p. 1283]

Ao indeferir a questão de ordem, o presidente do Congresso Nacional, sr. senador José Fragelli, assim se pronunciou:

O SR. PRESIDENTE (José Fragelli) — Vou responder à questão de ordem do nobre Deputado Gastone Righi.
Acho que seria de se estranhar se qualquer projeto de convocação de Constituinte dissesse justamente que ela seria livre e soberana. Por definição, qualquer Constituinte é livre e soberana. Fazer a interpretação que o eminente Deputado Gastone Righi faz, de que a proposta de emenda à Constituição enviada pelo Poder Executivo, pelo simples fato de dizer que a Constituição será livre e soberana, encerra a possibilidade de abolir a Federação ou a República, creio que é estender muito longe a força do raciocínio. (Apoiado. Muito bem! Palmas.)

De sorte que, permita-me S. Ex.ª dizer, tal raciocínio se coloca no campo de especulação, e as questões de ordem — diz o próprio Regimento Interno — devem ser objetivas e não de natureza especulativa. É ainda o próprio Regimento quem dá, à Comissão encarregada de apreciar essa matéria, a competência de arguir ou não a inconstitucionalidade da proposição. Seria exceder em muito os meus poderes se eu, preliminarmente, não aceitasse a proposta de emenda à Constituição. Assim, permita-me, nobre Deputado Gastone Righi, indeferir a questão de ordem levantada por V. Ex.ª (Palmas.). (*Diário do Congresso Nacional*, 8 ago. 1985, p. 1283)

A questão não prosperou na Comissão encarregada de apreciar a matéria. No plenário, foram inúmeras as manifestações que ratificaram o entendimento do sr. presidente da República, contido em sua mensagem sobre o caráter da Assembleia Nacional Constituinte. Vejamos algumas delas: *Djalma Bom* e outros, na justificação da Emenda nº 2, apresentada à proposta:

A rigor, não há nenhum órgão, pessoa ou poder especialmente competente, para convocar o poder constituinte originário. Tudo o que se pode dizer, em aproximação, é que esse ato convocatório pode ser praticado por aqueles que, legitimamente, representam o povo soberano. Na situação atual de nossa desorganização política, após mais de duas décadas de ditadura, essa legitimidade cabe ao Congresso Nacional, de cujos componentes a maioria foi eleita pelo povo, embora com distorções representativas de monta, de todos conhecidas. Frise-se, no entanto, que, quanto à Constituinte, a intervenção do Congresso deve limitar-se à sua convocação e nada mais. [*Diário do Congresso Nacional*, 22 ag. 1985, p. 1477]

Valmor Giavarina — relator do vencido na Comissão Mista encarregada de dar parecer à proposição, objeto da mensagem presidencial:

A ruptura não será o traço desta nova época.

A alternativa, que hoje escolhemos, de uma Assembleia Nacional Constituinte, livre e soberana, a ser eleita no dia 15 de novembro do próximo ano, não encontra óbices instransponíveis de natureza constitucional, ética, jurídica, legal e regimental. E teremos não uma Assembleia Nacional Constituinte originária, clássica, ao preço de semelhantes crises, mas uma Assembleia Nacional Constituinte instituída, viável, possível, que o bom senso nos impõe a realizar.

A assinatura da proposta presidencial, na presença do Excelentíssimo Senhor Presidente do Supremo Tribunal Federal, e agora submetida à apreciação do Congresso Nacional, evidencia o consenso entre os três poderes da República.

O que se impõe agora, diante da realidade política que vivemos, é uma solução jurídica quanto à sua essência, mas política quanto à sua forma. Jurídica, porque por ela o futuro Congresso objetivará, em texto, a ideia de Direito que a Nação deseja. Política, porque não abala o estado de direito existente.

É a única saída historicamente pacífica para a grande crise brasileira, que é, antes e acima de tudo, uma crise de direito.

O Brasil é um país sem ordem jurídica e todas as outras se ressentem disso ... [*Diário do Congresso Nacional*, 22 out. 1987, p. 1985]

Celso Barros, em pronunciamento em plenário, durante a 1ª discussão:

Estamos em um momento decisivo para a história política, social e econômica do Brasil. Por isso mesmo, o mínimo que se pode exigir de nós é a reflexão, a prudência, a seriedade, e voltarmo-nos para as lições da História que nos haverão de iluminar, de certa forma, no caminho que haveremos de seguir. Verifico um erro lamentável de técnica na discussão da convocação da Assembleia Nacional Constituinte. A convocação de uma Assembleia Nacional Constituinte não está prevista na Constituição. Logo, não se inscreve como tema de reforma constitucional, é questão suprapartidária, que transcende a esfera do texto constitucional e, por isso mesmo, deveria reservar-se exclusivamente ao exame da matéria pertinente ao debate da convocação da Constituinte. Tal, porém, não ocorre. O que se pretende é desvirtuar o sentido da Emenda José Sarney, vinda para cá numa hora difícil, numa hora de transição e, por isso mesmo, numa hora que exige de todos nós reflexão, ponderação e, ao mesmo tempo, o exame de nossa realidade e de nossas dificuldades. [*Diário do Congresso Nacional*, 22 out. 1985]

Já durante a tramitação da proposta de convocação da Assembleia Nacional Constituinte, o senador Afonso Arinos, a propósito de uma questão colocada no curso do debate que se seguiu à exposição que produziu perante a Comissão Mista, deu, de forma irrefutável, testemunho valioso quanto à classificação dos poderes da Assembleia Nacional Constituinte. Ouçamo-lo:

O SR. AFONSO ARINOS DE MELO FRANCO — Eu vou procurar responder ao nobre Deputado. O problema dos senadores remanescentes não é nada despiciendo, nem teórica nem politicamente; não é, entretanto, um problema magno, exatamente por causa da exiguidade do seu número, com a totalidade da Constituinte. Quer dizer, são poucas as unidades de senadores, com as centenas de constituintes. Portanto, esse problema não se colocará na inclinação dos votos da Constituinte em si mesmo. Nesse sentido, do ponto de vista constituinte, quantos são os senadores remanescentes?
O Sr. João Gilberto — Vinte e três.
O SR. AFONSO ARINOS DE MELO FRANCO — A Constituinte terá quinhentos representantes. Então, isso mostra que, do ponto de vista, vamos dizer, realista, a questão é teórica, não é uma questão propriamente política.
Agora, eu não vejo solução em mim mesmo, eu nunca examinei em profundidade esse assunto, mas eu não lhe daria a significação de um assunto primacial. A Constituinte vai resolver isso, é

ela, a Constituinte, que vai resolver isso. Não é o Congresso atual, vai ser a Constituinte que vai decidir se ela reconhece ou não reconhece os mandatos dos antigos senadores. Isso vai interessar durante uns dias. A opinião e a conclusão, ou o resultado a que chegar a própria Constituinte vai ser coberto pelas águas do tempo e o tempo é muito longo, em quinze dias ninguém mais falará nisso. Eu acho que isso é um problema da Constituinte, não um problema do Congresso atual. Eu acho que é um problema da Constituinte porque é um problema dela, do seu seio, da sua existência, e não é um problema fundamental. Esta é resposta muito canhestra, muito pobre, mas é a que me ocorre, porque me parece que isso vai dar-se assim. Ainda que não se resolva nada, a Constituinte vai decidir, ela própria. [*Diário do Congresso Nacional*, 30 nov. 1985, p. 2649]

E foi exatamente o que aconteceu! Vale reproduzir aqui a observação de Tancredo Neves, citada na Comissão Mista, pelo sr. Carlos Eduardo Moreira:

Uma Assembleia Nacional Constituinte é mais interessante quando há um vazio de representação popular. Quando não existe um Congresso funcionando, convoca-se uma Constituinte. Mas, com um Congresso em funcionamento — e seria a primeira vez que isso aconteceria em nossa História —, delegam-se poderes ao Congresso. E não há divergências em substância.

Valiosa é também a opinião do sr. prof. Geraldo Ataliba Nogueira, manifestada naquela Comissão:

O SR. GERALDO ATALIBA NOGUEIRA — Deputado Siqueira Campos, V. Ex.ª tem razão. Não há essa soberania — não vai haver essa soberania, porque não houve a tal ruptura radical da ordem jurídica. Então, esses limites que chamo de sociológicos, V. Ex.ª pode dar a designação a mais ampla que puder. Eu quero atribuir ao adjetivo sociológico a mais ampla designação, mas estou só excluindo o limite jurídico, o limite jurídico não haverá para essa Assembleia Nacional Constituinte no instante em que o povo comparecer às urnas e corresponder a esta convocação, porque a própria existência dessa proposta já é uma contradição. [*Diário do Congresso Nacional,* 3.12.85, pág. 2713]

Por fim, reproduzimos aqui a sábia colocação, ainda que sarcástica, do sr. Paulo Brossard, perante a aludida Comissão, sobre a questão da soberania da Assembleia Nacional Constituinte:

Aliás, por falar também em soberania da Assembleia, claro que a Assembleia é soberana. Mesmo essa soberania não é uma soberania de direito divino. Não é. Outro dia, eu dizia, é soberana, mas não pode excluir da Federação brasileira o Estado do Rio Grande do Sul. Não pode por quê? — Porque não pode, porque para fazê-lo teria que romper com a Unidade Nacional, a História do Brasil, e não pode, a soberania não chega lá. Da mesma forma, se nós aqui, até proporia o Deputado Flores da Cunha, propuséssemos: se incorpore a Província Cisplatina. (Risos). Restaure. Pergunto: Pode?! Não pode!

E preciso colocar a questão nos seus termos próprios, nas suas dimensões naturais, sem exageros, totalmente fora da realidade das coisas; metafísicas, naquele sentido que os positivistas empregavam com verdadeiro furor: isso aí é que é a metafísica. É preciso colocar a questão dentro daqueles limites do razoável. Tanto a Constituinte não é livre e soberana para expulsar da comunhão nacional o Rio Grande do Sul, que não fará parte do Brasil, como seria igualmente insensato, estúpido, irracional e impossível, e ainda há mais, dizer ficam banidos os negros do Brasil, volta tudo para a África. Não pode! Por que não pode? Por que não pode! Seria simplesmente desfazer, apagar ou pretender desfazer quatro séculos de História, quatro séculos de civilização. Não pode fazer! Ou, então, a história da Cisplatina: incorpore-se a Cisplatina. Tem direito a eleger tantos deputados, tantos senadores etc. Vamos ver se eles concordam. Perdão, não sei se estou criando problema internacional aqui com este exemplo, talvez mal inspirado, é para caricaturar. Creio que valeu a pena. [*Diário do Congresso Nacional*, 3 dez. 85, p. 2722]

Todo esse acervo de depoimentos foi acumulado antes da elaboração do Regimento Interno! Ainda antes dele, no dia 1º de fevereiro de 1987, no momento do compromisso dos srs. deputados, o presidente Ulysses Guimarães, no exercício certamente de poderes premonitórios, falou:

> Srs. Parlamentares, considerando a tradição das Assembleias Constituintes brasileiras, os constituintes prestarão o respectivo compromisso em relação à Constituição que irá ser adotada; considerando que tal procedimento foi adotado nas Constituintes de 1891, 1934 e 1946; considerando que as Constituintes de 1891 e 1946 — embora, no caso desta última, estivesse em plena vigência a Carta de 1937 — eram integradas por deputados federais, senadores e Congresso Nacional com poderes constituintes, a exemplo do que ocorre no presente momento, resolve a Presidência adotar os termos do compromisso prestado na Assembleia Nacional Constituinte de 1946. Assim, logo após a leitura do compromisso pelo próprio Presidente, será feita a chamada nominal, quando cada deputado, de pé, declarará: "Assim o prometo".
> Se, eventualmente, ao prestar o compromisso, algum senhor deputado desejar fazer declaração de voto, poderá usar desse direito, conforme adotado em oportunidades anteriores, rogando a Mesa, contudo, que o faça nos termos do Regimento, isto é, por escrito. (O Sr. Presidente presta o compromisso.)
> "Prometo guardar a Constituição da República a ser adotada, desempenhar fiel e lealmente o mandato que me foi confiado e sustentar a união, a integridade e a independência do Brasil." [*Diário do Congresso Nacional*, 2 fev. 1987, p. 97]

Quanto ao Regimento Interno da Assembleia Nacional Constituinte, como base para estabelecer a classificação de seus poderes, convinha ao sr. consultor geral examiná-lo como um todo, não esquecendo, especialmente, o art. 59, V, que instituiu o projeto de decisão, que, segundo o §7º do mesmo artigo, destina-se "a sobrestar medidas que possam ameaçar os trabalhos e as decisões soberanas da Assembleia Nacional Constituinte".

A exposição sobre o tema "A Constituinte Brasileira de 1987 — como se classifica" é coroada com duas citações de Manoel Gonçalves Ferreira Filho.

A elas é indispensável juntar, para seu correto entendimento, uma outra que define, com precisão, a posição ideológica do ilustre jurista:

> Postas de lado as ilusões, o titular do Poder Constituinte não é nem a nação nem o povo. Ou só o é na medida em que se imputa à nação ou ao povo um poder que é efetivamente detido e exercido por uma elite (v. o meu livro *A democracia possível*, São Paulo: Saraiva, 5. ed., 1979, cap. II). Esta, que Mosca denominou de classe política numa expressão que hoje dá lugar a equívocos, é quem rege os destinos do grupo social. Ela é quem vivifica o Poder Constituinte, gerando a Constituição. E nova Constituição advém quando esta elite muda, ou de cosmovisão, ou de composição. No primeiro caso, a nova Constituição vai corresponder a um processo evolutivo que chega a consolidar novas convicções, ou acentuar aspectos novos de convicções antigas, sem que a elite tenha sofrido mais do que a renovação vegetativa e a circulação típica do grupo social. No segundo, outra elite se põe no lugar da anterior, inclusive com o uso da força bruta. Ocorre nisto, e bem claramente, uma ruptura traumática entre o velho e o novo. [Manoel Gonçalves Ferreira Filho. Nova perspectiva do processo constitucional. *Revista Brasileira de Estudos Políticos*, n. 60/61, p. 135-136, jan./jul. de 1985]

IV. Constituinte derivada

Em decorrência da argumentação com base no Regimento Interno da Assembleia Nacional Constituinte, o sr. consultor geral chega à conclusão de que a atual Assembleia Nacional Constituinte é uma Constituinte derivada.

Arrima-se, para tanto, na opinião de eminentes professores e juristas. O professor Manoel Gonçalves Ferreira Filho, dos autores citados, é o que discorreu sobre o assunto depois de promulgada a Emenda Constitucional nº 26/85.

Toda a argumentação do consultor geral busca demonstrar que uma nova Constituição não pode resultar de um poder constituinte derivado. É no mesmo autor que vamos buscar um depoimento que demonstra a precariedade dessa argumentação.

É do prof. Manoel Gonçalves Ferreira Filho a seguinte observação:

> Na Espanha, a Constituição de 1978 também se estabeleceu sem rompimento com o sistema jurídico anterior. De fato, em 1976, as cortes adotaram, pelo procedimento previsto no Direito então vigente, a 8ª Lei Fundamental. Esta era uma Constituição provisória, com base na qual se elaborou a legislação da reforma política. E após eleições disputadas, de acordo com as novas regras, reuniram-se cortes, ao mesmo tempo ordinárias (porque desempenhavam normalmente a função legislativa) e constituintes (porque se empenhavam no estabelecimento de uma nova Constituição). Tais cortes elaboraram a Constituição ora em vigor, aprovada por elas em 31 de outubro de 1978, ratificada, *in referendum*, em 6 de dezembro de 1978, sancionada pelo rei em 27 de dezembro do mesmo ano. [Manoel Gonçalves Ferreira Filho. Nova perspectiva do processo constitucional. *Revista Brasileira de Estudos Políticos*, n. 60/61, p. 140, jan./jul. 1985]

E prossegue o Prof. Manoel Gonçalves Ferreira Filho:

> O exemplo francês mostra como uma Constituição pode resultar de um poder constituinte derivado, *atribuído a um órgão não eleito*, com poderes limitados por certos princípios e sujeito a um procedimento prefixado. E ele e o espanhol mostram que nem

sempre uma Constituição nova pressupõe revolução, no sentido jurídico — o de violação da Constituição vigente. (Manoel Gonçalves Ferreira Filho, Nova Perspectiva do Processo Constitucional [Revista *Brasileira de Estudos Políticos*, n. 60/61, p. 140, jan./jul. 1985] [Grifo nosso]

No Brasil, não fomos tão longe.

O poder constituinte foi eleito legitimamente e sua liberdade e soberania assegurados no ato convocatório.

As outras citações, constantes nesse título (Pontes de Miranda, Nélson de Souza Sampaio, João de Oliveira Filho e Gonzales Calderón), foram buscadas em obras escritas anteriormente à Emenda Constitucional nº 26/85.

São sábias no que toca à doutrina. Referem-se, todavia, a situações totalmente diversas. Comentam o poder de emenda e reforma, como previsto nas disposições constitucionais anteriores ao ato que convocou a Assembleia Nacional Constituinte.

Uma delas, contudo, merece destaque. A última. O sr. Nélson de Souza Sampaio, ao referir a fixação da teoria do poder constituinte, aponta com suprema honestidade intelectual:

Feita a Constituição, a Assembleia Nacional Constituinte se dissolve, a função constituinte entra em fase de latência, e somente volta a manifestar-se de modo intermitente, quando é trazida à tona por subversões revolucionárias ou, o que é mais raro, por convocação *pacífica*. [Grifo nosso] [Trabalho do consultor geral, p. 21]

Foi, exatamente, o que ocorreu em nosso país com a promulgação da Emenda Constitucional nº 26/85.

O problema, portanto, não é de direito positivo, como quer fazer crer o senhor consultor geral, mas político, como bem o demonstra, com sua habitual clareza, o notável Geraldo Ataliba (Constituinte derivada? Jornal *Folha de S.Paulo*, 30 dez. 1987. p. 3):

O critério de avaliação jurídica do ato convocatório não está na ordem jurídica anterior, mas, sim, nos seus efeitos (necessariamente posteriores). Se o efeito for a reunião da convenção, que elabore uma Constituição eficaz, ele terá sido eficaz. Se ocorrer o contrário, o ato convocatório terá sido um malogro político e um aborto jurídico (com a persistência da ordem atual). E que Constituinte só cabe onde houver ruptura jurídica, quebra da ordem jurídica existente. Só se compreende, qualifica e dimensiona a Constituinte pelo resultado de sua função: a Constituição. A Constituição é uma norma nova, absolutamente inovadora, que não repousa em nenhuma norma anterior ou superior. A Constituição nasce da Constituinte. E esta nasce do fato político: reunião de delegados do povo, escolhidos para esse fim (portanto, com poderes para estruturar um Estado). A Constituinte não surge do, não repousa no, não depende do direito; não é condicionada por nenhuma norma. Fato político, nasce de um fato político: a escolha, a investidura de seus membros, com explícita delegação.

Por isso mesmo, o ato convocatório não é relevante para conhecer-se a Constituinte ou a Constituição. Ele é mero ato político, que produz outro ato político, ambos fora da esfera de direito. Por isso, é irrelevante que, no caso, tenha sido uma emenda constitucional. Poderia ter sido qualquer outro ato, poderia ter revestido qualquer outra forma; para convocar Constituinte não há regras jurídicas.

De tudo, pode-se facilmente concluir que o fundamento, justificação, explicação, ponto de apoio da Constituinte ora reunida está no voto dos eleitores. Em nada mais. As razões, motivações, pretextos, alegações retóricas ou atos políticos anteriores que tenham induzido os eleitores, não são juridicamente relevantes. A eleição dos constituintes é o fato fundante da Constituinte, que, por sua vez, será o fato fundante da Constituição. Levar a indagação mais para trás nada resolve. É irrelevante. Não interessa. Está fora das cogitações dos juristas. Questionar se o ato convocatório foi este ou aquele é supérfluo e impertinente. É despropositado. Mais que isso, é ridículo.

Esse, também, o pensamento do mestre Afonso Arinos, quando traz à colação (discurso no Senado Federal, 10.1.88) a seguinte lição de Julien Laferrière:

> Do ponto de vista jurídico, o processo que consiste em declarar a imutabilidade de uma parte da Constituição não tem valor. O poder constituinte que se exerce em certo momento não é superior ao poder constituinte que se exercerá no futuro e não pode pretender restringi-lo, ainda que em ponto determinado. As disposições desse gênero são simples votos de manifestações políticas, mas não têm nenhum valor jurídico, nenhuma força obrigatória para os constituintes futuros. [Julien Laferrière, *Droit constitutionel*]

V. Limites dos poderes de Constituinte derivada

No título "Limites dos poderes de Constituinte derivada", o sr. consultor geral afirma que:

> Nosso atual Congresso Constituinte, a menos que pretenda declarar-se revolucionário e suprimir a vigência da aluai Constituição de que derivam seus poderes e os mandatos de seus membros, não pode:
> I — abolir a República e a Federação;
> II — alterar os direitos e garantias individuais;
> III — abolir a independência dos poderes constituídos;
> IV — alterar o tempo de mandato e os poderes do Presidente da República investido no cargo;
> V — submeter o Poder Judiciário a controle externo;
> VI — abolir os direitos políticos, o voto direto, universal e secreto e periodicidade dos mandatos eletivos;
> VII — o regime democrático, o sistema representativo de governo, o pluralismo partidário;
> VIII — as regras instituidoras das Forças Armadas e segurança do Estado;

IX — os fundamentos da soberania nacional na autodeterminação e sobre o território nacional;
X — o Estado laico;
XI — princípios fundamentais de cada um dos institutos acima enumerados constituídos pelos fundadores de nosso Estado e que são os alicerces basilares da sociedade brasileira, inclusive o direito de propriedade, a economia de mercado e a liberdade de imprensa.

Da leitura atenta da relação do que a Assembleia Nacional Constituinte — como poder derivado, nos termos do parecer do sr. consultor geral — não pode fazer, chega-se à tranquila conclusão de que a sua tarefa será dispor sobre matéria objeto da legislação ordinária. Ora, foi o próprio sr. consultor geral que, em nota publicada no *Correio Braziliense*, de 6 de dezembro de 1987, alinhou uma série de críticas ao projeto de Constituição aprovado pela Comissão de Sistematização, alegando que grande parte da matéria nele contemplada deveria ser remetida à lei ordinária.

Chegamos, assim, a um dilema: se a Assembleia Nacional Constituinte não pode dispor sobre aquele elenco de questões de princípio e não deve invadir a área de competência da legislação ordinária, que pode ou deve ela fazer?

A contradição é evidente.

Aceita a tese, não há como se deixar de registrar: quem primeiro desrespeitou os limites impostos pelo senhor consultor geral foi o senhor presidente da República, ignorando os seis anos de mandato que a atual Constituição lhe atribui, para pleitear cinco!

Ainda nesse título, o senhor consultor geral busca apoio para a sua tese em Carlos Maximiliano, pontificando:

> Em regra, os espíritos superficiais, em vez de estudarem a fundo os problemas, suas causas próximas ou remotas e as soluções experimentais e complexas, agravam o mal com o excesso de regulamentação, tentam precipitar, a golpe de decretos e emendas constitucionais, uma reforma que só o tempo, a prática do regime

e o estudo de especialistas lograriam tornar completa, definitiva, eficaz. Como o processo é falho, a desilusão vem logo; o demolidor triunfante de ontem é sempre o oposicionista irritado de hoje. [V. III, pág. 303]

A referência só teria sentido se fosse acompanhada dos textos que a completam e permitem sua exata compreensão.

Diz Carlos Maximiliano, na íntegra:

A Constituição deve adaptar-se ao meio para o qual foi promulgada. Desde que ele se modifique e aperfeiçoe, aumente a cultura geral, surjam novas necessidades imprevistas, ou a lei suprema se afeiçoa às condições novas da sociedade, ou se converte em obstáculo à vida nacional até arrastar o país à guerra civil. "Toda Constituição escrita é rígida, a menos que seja profundamente ilógica e soberanamente imprudente, deve organizar o processo pelo qual poderá ser oportunamente revista e modificada." "A imprevidência não deixaria senão o recurso fatal das revoluções, que muitas vezes, em lugar de melhorar, abate, confunde, destrói tudo e por fim funda sobre ruínas Constituições fantásticas e de curta duração." [Carlos Maximiliano, *Comentários à Constituição brasileira*, 1946, v. 3, p. 305]

E completa:

Há dois processos para alterar a letra do estatuto fundamental ou lhe adicionar prescrições: *a)* o Congresso ordinário reconhece preliminarmente a necessidade da reforma, que é decretada por uma convenção reunida para aquele fim; *b)* as Câmaras, sem mandato especial, observando apenas cautelas rigorosas, modificam o código supremo.

O primeiro sistema é incontestavelmente mais liberal e democrático; devolve à nação o direito de alterar ou substituir as instituições; satisfaz melhor o ideal de reconciliar o Governo com a liberdade; o eleitor confere a investidura, consciente de que será ampla, visto haver sido explícita. Assim prescreve o art. 30 do estatuto argentino. O outro processo, mais generalizado, oferece a vantagem de facilitar as revisões parciais e limitadas, preferidas ultimamente, e apoiadas pelas conclusões da Sociologia. Deve haver evolução, em vez de transformação. Prevalece o preceito de sabedoria política, exposto por Augusto Comte, e seguido por Herbert Spencer e demais filósofos da escola científica de Carlos Darwin. O Brasil adotou o último sistema. [Carlos Maximiliano, *Comentários à Constituição brasileira*, 1946, v. 3, p. 309]

Vale repetir, para bem esclarecer. Carlos Maximiliano diz: "O primeiro sistema é *incontestavelmente* mais liberal e democrático; devolve à nação o direito de alterar ou *substituir as instituições*; satisfaz melhor o ideal de *reconciliar* o Governo com a liberdade" (grifos nossos).

Qual é esse processo?

Exatamente aquele de o Congresso ordinário reconhecer preliminarmente a necessidade de reforma que é decretada por uma convenção convocada para aquele fim. Foi o que ocorreu e está ocorrendo no país. Aos senadores e deputados foram explicitamente atribuídos poderes constituintes livres e soberanos.

Ainda neste título, na sua segunda parte, o sr. consultor geral socorre-se, mais uma vez, de Georges Burdeau, extraindo ensinamentos do seu *Manual de direito constitucional*. A citação:

Nenhuma disposição constitucional, afirma-se, pode consagrar a intangibilidade absoluta de uma parte da Constituição. Eu mesmo, tendo sustentado uma tese análoga, creio, depois de mais ampla reflexão, que ela não tem fundamento. Com efeito, quando a Constituição proíbe que se fira a forma de regime ou *o seu espírito geral*, não proclama de nenhum modo a imutabilidade absoluta das instituições, o que seria um contrassenso. Ela recusa apenas ao órgão de revisão a faculdade de promover reformas que, pela sua natureza, por importância, ultrapassa as possibilidades de um poder instituído. Mas essas reformas podem ser redigidas por um poder constituinte originário. [*Manual de direito constitucional*, Georges Burdeau, v. 3, p. 254-255]

Ora, esse argumento prova demais. Quem estabeleceu as possibilidades do poder constituinte da Assembleia que está elaborando a nova Constituição? Inegavelmente foi a Emenda Constitucional nº 26/85, submetida ao Congresso pelo sr. presidente da República. O trabalho realizado até aqui não ultrapassou em nenhum momento "as possibilidades de poder instituído", se assim se quiser classificar aquele atribuído à atual Assembleia Nacional Constituinte.

O importante é observar nesta altura que tanto Georges Burdeau como todos os autores citados no trabalho em exame têm como um dos pontos de amarração de seu raciocínio a realidade institucional de seus países. É dessa perspectiva que deve ser encarada a Assembleia Nacional Constituinte.

Georges Burdeau desenvolve grande parte do seu raciocínio tendo em vista a evolução do direito público constitucional francês, e assim também os demais autores citados. Para uma correta interpretação dos poderes da Assembleia Nacional Constituinte em operação em nosso país, é indispensável que se tenha em mente, em todos os momentos, a nossa realidade institucional. De outra parte, seria errôneo adotar uma interpretação radical, fazendo-se uso de posições que foram manifestadas no período da divulgação da proposta de emenda constitucional. Isto porque tais manifestações situaram-se na controvérsia que se estabeleceu entre a conveniência de se convocar uma Assembleia Nacional Constituinte com fins específicos e exclusivos para elaborar a nova Constituição e a de se atribuir aos deputados e senadores que compõem o Congresso Nacional poderes constituintes. Em nenhum momento, aquelas manifestações abordaram a questão da liberdade e da soberania da futura Assembleia Nacional Constituinte, pois que esses atributos foram claramente fixados no ato convocatório, isto é, na Emenda Constitucional nº 26, de 1985.

Ganha o terreno do sofisma a discussão em torno da verdadeira dimensão das expressões pleno, livre e soberano, constantes da emenda constitucional. Não se pode, de modo algum, aceitar como válida a interpretação de que tais adjetivos devem ser entendidos "como relativos ao exercício dos poderes de segundo grau, dos plenos poderes de reforma e não de poderes de reforma plena", pois que, aceitando-se tal colocação, estar-se-ia, sem dúvida, validando um mero jogo de palavras.

O que a emenda constitucional diz claramente é que a Assembleia Nacional Constituinte é livre e soberana para elaborar uma Constituição. Nada mais, nada menos.

Nesse título, o autor cita Hans Kelsen, para lembrar que

> uma *ordem* é um sistema de normas cuja unidade é constituída pelo fato de todas elas terem o mesmo fundamento de validade, e o fundamento de uma ordem normativa é — como veremos — uma ordem fundamental da qual se retira a validade de todas as normas pertencentes a essa ordem. [Kelsen, *Teoria pura do direito*, 3. ed., tradução portuguesa, Coimbra, 1974, p. 52]

Cabe, então, a pergunta: quer o autor com essa citação referir-se a que norma fundamental? Àquela consubstanciada na Constituição de 17 de outubro de 1969, imposta pelos ministros militares no exercício da Presidência da República? Fica a pergunta para a melhor resposta possível.

Todos os outros argumentos apresentados nesse título padecem da mesma insuficiência, já que o autor parte do princípio de que se possa aceitar como norma fundamental a Constituição imposta em 1969.

VI. Congresso Constituinte

O título que se segue do trabalho ora comentado refere-se ao Congresso Constituinte. Quer o autor, na linha de raciocínio utilizada na argumentação dos títulos anteriores, demonstrar que a Assembleia Nacional Constituinte é um Congresso Constituinte. Para tanto, o subtítulo "Poder constituinte" reproduz o esquema constante da obra de José Celso de Mello Filho que faz graficamente a distinção entre poder constituinte originário ou de 1º grau e poder derivado ou de 2º grau (secundário, relativo e limitado).

Esse esquema simplista, em face de sua finalidade didática, por si só não explica o caso institucional brasileiro nem qualquer outro. Ele não diz toda a verdade; é um esquema meramente auxiliar para uma exposição professoral, de preferência quando dirigida a neófitos.

Quem nos assegura a melhor lição é Pontes de Miranda.

Ouçamo-la para negar validade às soluções triviais, como as do arrazoado em análise:

Desde que se estabeleceu a Constituição, pode ocorrer:

a) Destruição, no tempo, do poder estatal, que é mais do que destruição do poder constituinte. Por exemplo: se ao povo cabe o poder estatal, como em teoria está assente no direito das gentes contemporâneo e, por plebiscito, ele o entrega à oligarquia (dita aristocracia), conservando a intervenção plebiscitária; mas, se a oligarquia o despoja do poder de intervenção plebiscitária, dá-se a destruição do poder estatal popular, a favor do poder estatal oligocrata. Assim, o fechamento da Assembleia Constituinte, sem se tirar ao povo o direito de criar outra Assembleia Constituinte, é destruição do poder constituinte sem destruição do poder estatal. Se e quando os princípios supraestatais forem precisos e suficientemente rígidos, nenhum caso *a)* poderá ocorrer; porque será ineficaz, ou nulo, ou inexistente, perante o direito das gentes. O princípio "o poder estatal pertence ao povo" existe no direito das gentes, mas faltam-lhe *guarda* eficiente e *rigidez*. Enquanto não se estabelece essa guarda e essa rigidez, a distinção entre os casos *a)* e os casos *b) é* possível, o que tem escapado aos tratadistas da teoria da Constituição, por não serem rigorosamente científicos, principalmente não serem baseados em lógica contemporânea, os seus estudos.

b) Destruição, no tempo, do poder constituinte: a *existentia fluens* da Constituição, que é o poder constituinte em sua projeção do passado para o presente, e do passado e do presente para o futuro, ou cessa, ou se desfaz, desde o passado (*ex tunc*). Não há mais, ou não houve Constituição, porque o poder mesmo, que a ditou, estancou desde agora, ou se diluiu desde o nascedouro, no passado. Donde ser possível a *destruição do poder constituinte*, desde o presente (*ex nunc*), ou desde algum momento anterior ao ato destrutivo (*ex tunc*), não sendo necessário que se opere desde o início da sua atividade legislativa constitucional. Trata-se, portanto, de nomatomia, radical quanto ao órgão do poder estatal, mas, temporalmente, ou radical *(in praeteritum)*, ou não radical (desde certo momento no passado, posterior à incidência, ou desde agora).

c) Supressão da Constituição, desde agora, ou no pretérito, sem destruição do poder constituinte, *a fortiori* do poder estatal:
a) pela adoção de outra Constituição, por ato do próprio poder constituinte;
b) pelo golpe de Estado, convocando o poder constituinte que fizera a Constituição. O poder constituinte subsiste. Há, pois, *descontinuidade de Constituição e continuidade do poder constituinte.* Tal caso mostra que se pode suprimir a Constituição, portanto agir *inconstitucionalmente,* se bem que se não suprima o poder constituinte (separação entre o *produto* do órgão e o órgão).

d) Reforma ou revisão constitucional da Constituição, isto é, de acordo com as regras jurídicas da Constituição mesmo quanto à reforma ou revisão, ou com violação delas (reforma ou revisão *inconstitucional* da Constituição).

A reforma ou revisão tem a sua *técnica,* que vai *a)* do simples procedimento para a elaboração das leis ordinárias, de modo que a distinção "lei constituição — lei ordinária" depende da adjetivação que se deu às regras elaboradas ou da sua atuação intertemporal em relação aos textos constitucionais anteriores, até *z)* à formação de outra Assembleia Constituinte (poderes para total revisão), desde que se não suprimiu a Constituição. Antes do *z)* está *y),* que é o caso da "assembleia nacional", que se reúne para reformar parte da Constituição. Nenhum dos casos de *a)* a *z)* pode ser concebido com o lapso constitucional, isto é, com algum momento de descontinuidade constitucional entre a nova regra constitucional ou a nova Constituição e a Constituição anteriormente vigente. Por isso mesmo é costume dizer-se que, se houve reforma ou revisão, ainda que nenhuma expressão reste da anterior Constituição, a Constituição é a *mesma*, reformada (a mesa de estilo a que se substituíram, uma a uma, todas as peças ou pedaços, continuaria de ser a mesma mesa). A regra da reforma, tendo sido respeitada, assegura a *permanência* da Constituição.

a) Uma das variáveis para a gradação de *a)* a *z)* é o procedimento para a *convocação* da assembleia reformadora; *e.g.*, proposição por dois terços das duas Câmaras, ou pelos corpos legislativos de dois terços dos Estados-membros (Constituição dos Estados Unidos da América de 1787, art. V).

b) Segunda variável é o procedimento para a iniciativa da reforma, que ora se associa ao procedimento para a convocação da assembleia reformadora "deliberante", ora não.

c) Outra variável é a ratificação, quer pela mesma assembleia (noutro momento, ou no mesmo), quer por outro corpo, inclusive o Presidente da República, se pode vetar a reforma, ou o povo, pelo plebiscito ou referendo (Constituição suíça de 29 de maio de 1874, arts. 118, 119, 123).

d) Outra variável é ainda a exigência de *quorum* para a reforma (não se confunda com a exigência de *quorum* para a iniciativa ou para a convocação; maioria absoluta, dos dois terços, repetição da votação em momentos separados, votação global e parcial, unanimidade dos presentes etc.).

e) Nos Estados federais, a alteração de parte ou de toda a Constituição pode dar-se sem reforma do laço federal. Não se modifica, portanto, a estrutura externa do Estado, não se sobe ao plano do direito das gentes, onde, se há um só Estado, não se vê o que pertence à ordem jurídica interna. Se a reforma implica a do laço federal, *ou* 1) se marcha para o Estado unitário, *ou* 2) se manteve, no pacto federal, pluralidade de Estados, a que serve a exigência de participação autônoma na reforma, *ou* 3) já se estava em concepção da federação somente de técnica constitucional interna. Se 3), então ou o laço federal era cerne inalterável, expressão que adiante estudaremos (regra ou regras teoricamente imutáveis), e no plano dos fatos "mudou", supressa a Constituição, ou era norma constitucional reformável e foi reformada.

f) Supressão da Constituição ou de alguma das suas regras. Ou a suspensão é contrária à Constituição mesma e então há supressão temporária, sem destruição do poder constituinte e, *a fortiori*, do poder estatal; ou a suspensão é na conformidade de alguma ou algumas regras constitucionais, e então apenas consiste em aplicação da Constituição mesma.

g) Violação da Constituição ou, melhor, *das regras jurídicas constitucionais: a) In casu.* Aqui, não se nega a Constituição, ou alguma das suas regras, infringe-se. Não há supressão da Constituição, nem de qualquer dos seus textos; mas apenas infração no caso, ou nos casos determinados, *b) A título de interpretação.* Isto é, quando se legisla, ou se julga, ou se executa, como se a Constituição dissesse o que se exigiria para se poder legislar, julgar, ou executar, como se legislou, julgou e executou. A diferença entre *a)* e *b)* repousa em que, em *a)*, não se nega a regra da Constituição, ao passo que, em *b)*, a afirmação da existência da regra ou da inexistência da regra importa em negação da Constituição tal como deveria ser interpretada: infringe-se *em geral*; no fundo, altera-se a Constituição sem se observar o que ela mesma estatuiu para ser alterada. [Pontes de Miranda. Defesa, guarda e rigidez das constituições. *Revista de Direito Administrativo*, v. V, p. 20 a 23, jul. 1946]

O Congresso Nacional, ao examinar a proposta de emenda de iniciativa do sr. presidente da República, estabeleceu norma jurídica de caráter singular.

Através das eleições de 1986, foram eleitos deputados federais e senadores com poderes constituintes. Se originário ou derivado, a discussão cabe no campo da doutrina. Do ponto de vista pragmático, esses poderes foram plenos. A Assembleia Nacional Constituinte há de operar livre e soberana para elaborar uma lei fundamental que só tem limites no âmbito sociológico e nunca no campo jurídico.

Assim diz a emenda e assim vai ocorrer.

VII. Limites do Congresso Constituinte

O penúltimo título do trabalho, "Os Poderes do Congresso Constituinte são limitados", volta a produzir uma interpretação restritiva do ato convocatório com base no que dispõe o art. 3º da Emenda Constitucional nº 26 de 1985.

No que toca aos termos da Emenda Constitucional nº 26, o autor declara: "Também sob o ponto de vista formal, o atual Congresso Constituinte brasileiro não pode afastar-se daquilo que foi disposto pela emenda constitucional que o convocou". Ora, o que estabelece a emenda constitucional que convocou a Assembleia Nacional Constituinte? Ela estabelece:

a) "Os membros da Câmara dos Deputados e do Senado Federal reunir-se-ão, unicameralmente, em Assembleia Nacional Constituinte, livre e soberana." (Art. 1º)
b) "O Presidente do Supremo Tribunal Federal instalará a Assembleia Nacional Constituinte e presidirá sessão de eleição do seu Presidente." (Art. 2º)
c) "A Constituição será promulgada depois da aprovação do seu texto, em dois turnos de discussão e votação, pela maioria absoluta dos membros da Assembleia Constituinte." (Art. 3º)

O ato jurídico contou com a participação do presidente da República, que encaminhou a proposta ao Congresso: do Congresso, que discutiu e votou a proposição; do Poder Judiciário, cujo chefe presidiu a instalação da Assembleia Nacional Constituinte.

Pergunta-se: em que a Assembleia Nacional Constituinte se afastou, até a presente data, do disposto na emenda constitucional que a convocou?

Em nada, embora possa, porque, a rigor, todo ato constituinte é, afinal, um ato inconstitucional, como ressalta, com pertinência inexcedível, Geraldo Ataliba:

> Assim a discussão, nos termos propostos pelos desafetos da atual Constituinte, não pode ser levada a sério; a Emenda nº 26/85 foi inconstitucional. O Congresso não tinha poderes para convocar uma Constituinte. Só o que poderia era aprovar emendas específicas, nos termos do direito constitucional vigente. Um decreto executivo com maior razão também não poderia fazê-lo. A Constituição vigente obriga inexoravelmente sua obediência. Se ela só prevê emendas, só emendas cabem. Daí a contradição insuperável, que cria perplexidade para o leigo, embora já plenamente resolvida pela doutrina do direito constitucional: a convocação da Constituinte é sempre inconstitucional. A reunião de uma Constituinte é fato político, fora do universo jurídico. A nova Constituição é sempre uma ruptura da ordem jurídica. É a negação, a destruição da Constituição anterior.
> A primeira jamais é fundamento da segunda. Por isso não a condiciona, não vincula, não a peia.
> Daí o equívoco de pretender-se fixar os parâmetros para uma Constituição, com base em Constituição anterior. Além do mais, a Emenda nº 26 foi inconstitucional. Não poderia ter o teor que assumiu. Toda convocação de Constituinte é, por definição, ato de agressão à Constituição vigente.
> Toda e qualquer proclamação revolucionária seria igualmente inconstitucional, como inconstitucionais foram todas as convocações das Constituintes, quer brasileiras, quer estrangeiras, a começar da Convenção de Filadélfia (em flagrante violação à Constituição inglesa).
> Só isso já faz ver quão equivocadas são as restrições que à Constituinte quer se opor, com argumentos jurídicos. [Geraldo Ataliba, "Constituinte derivada?" *Folha de S.Paulo*, 30 dez. 1987. p. 3]

VIII. Poderes constituintes secundários

Em seguida, sob o título "Limitações implícitas", o sr. consultor geral repete, mais uma vez, que a Assembleia Nacional Constituinte exerce poderes constituintes secundários ou derivados. E lembra que eles poderiam sofrer a incidência de certas restrições que limitam a sua prática.

Na justificativa dessas colocações é citada a afirmação de Maurice Hauriou, que lembra a existência de princípios não escritos, que servem de fundamento a qualquer Constituição, antepondo-se-lhe e superpondo-se-lhe.

É inegável que, nem por palavras, nem por atos, até a presente data, a Assembleia Nacional Constituinte, no seu conjunto ou por qualquer um de seus membros, procurou negar essa afirmação. Nem de longe, na elaboração da nova Constituição, foi esquecida a verdade de que fundamentam qualquer Constituição princípios não escritos, que se lhe antepõem e se lhe superpõem.

IX. Revolução e ruptura da ordem jurídica

Chegados a este ponto e antes de concluir, é de chamar a atenção para o equívoco que comete o senhor consultor geral quando afirma que só há Constituinte originária se há ato revolucionário que implique quebra, ruptura da ordem jurídica, sob pena de a Constituinte revelar-se derivada e, portanto, submetida à ordem jurídica em vigor.

Em primeiro lugar, há que alertar para o equívoco idiomático em que aqui, e repetidamente, incide o senhor consultor geral. Semântica e etimologicamente revolução *não* é sinônimo de movimento sangrento e armado. Revolução, nesse prisma, é retomada de uma anterior tendência ou de antecedente inclinação. *In casu*, a *revolução* consistiria em abandonar o autoritarismo e retornar à democracia. Pouco importa fosse o retorno cruento, ou não.

De qualquer forma seria *revolução*, e, como tal, ruptura da ordem jurídica vigente, ensejando, destarte, o surgimento do poder constituinte originário. Mas, também, por outro lado, poderia ser vista a questão: o movimento de 1964, autointitulado *revolução*, embora sem derramamento de sangue, rompeu uma ordem constitucional e não criou outra (eis que, por sobre a Constituição de 1967, erigia-se uma Emenda Global nº 1, de 1969, e, mais acima ainda, a ordem *institucional* dos atos de exceção).

É à atual Assembleia Constituinte que caberá reedificar, totalmente, por sobre o vazio decretado em 1964, e rompendo inteiramente com a obra normativa então iniciada, uma nova e global estrutura constitucional. E isso, por óbvio, só com poder constituinte originário se alcança.

Ademais, o senhor consultor, irrealisticamente, não quer admitir a possibilidade da existência de radical mudança institucional, em regime de paz, pelo simples fato de que só lhe interessa, por deleite singular, ao que parece, limitar as competências da Assembleia, não encontrando, para tanto, outro argumento.

A prevalecer esse entendimento, ter-se-ia que admitir a situação absurda pela qual a atual Assembleia Nacional Constituinte também estaria vinculada aos atos institucionais baixados pela ditadura, uma vez que todos eles só poderiam ter sido revogados pelo presidente da República (Emenda nº 1, de 1969, art. 182 e parágrafo único), quando, de fato, foram banidos do mundo jurídico pelo Congresso Nacional (Emenda nº 11, de 1978).

Nesse caso, os fatos comprovam, e não há construção cerebrina capaz de encobri-los, que ocorreu mudança institucional em regime de paz, como está se verificando também agora, em face do critério especial concebido pelo gênio político brasileiro, pelo qual a quebra de ordem jurídica — a mudança — dar-se-á com a promulgação da futura Constituição.

Evita-se, assim, o vazio jurídico, o que, contudo, não implica limitação aos poderes constituintes da Assembleia.

Tem-se, desse modo, demonstrado que o senador consultor geral, com seu trabalho, em vez de servir, desserve, por confundir fato político com fato jurídico, política com direito positivo e ciência política com ciência jurídica.

Vale, aqui, repetir a lição de Georges Burdeau, sobre as "modalidades jurídicas do exercício do poder constituinte", longa, é verdade, mas capaz de traduzir, por inteiro, o pensamento do mestre que não se contém em frases esparsas pinçadas de sua obra notável:

> *Dès que, pour observer les faits, on s'écarte des formules rigides de la pure théorie constitutionelle, on constate que l'exercice du pouvoir constituant est susceptible de revêtir des modalités très diverses.*
> *Il y a d'abord les formes classiques, mais généralement anodines dans leurs effets, qui consistent à utiliser la procédure de révision prévue par la constitution en vigueur. Il y a aussi l'intervention plus brutale et plus spectaculaire du pouvoir originaire se manifestant pour clore une révolution par l'établissement d'un ordre juridique nouveau. Mais il s'en faut de beaucoup que le pouvoir constituant soit concentré en totalité dans ces procédés extrêmes de sa mise en œuvre. C'est qu'en effet les constitutions ne son pas des cadres morts qui demeureraient immuables entre deux crises qui les rajeunissent ou les disloquent. Elles vivent, s'adaptent, évoluent selon le rythme des événements politiques, des transformations de l'opinion ou des modifications dans l'équilibre des forces politiques. Même dans celles de ses dispositions qui n'ont pas été expressément amendées, la constitution des Etats-Unis n'est plus celle qui avait été votée à Philadelphie; dans ce qu'il était convenu d'appeler la constitution française en 1939, il eut été difficile de retrouver toute la pensée des constituants de 1875. Sous la IVème République, par la personnalité de son premier titulaire, la présidence de la République a pris une autorité qui était loin d'être prévue par le texte constitutionnel. Quant aux institutions de la Vème République, il est a peine besoin de rappeler ce que leur sens doit au général de Gaulle. Là même où le texte n'a pas été ouvertement méconnu, il a revêlu une portée dont la seule analyse littérale eût été impuissante à rendre compte. Ce ne sont là que des examples dont il serait facile d'allonger la liste; ils suffisent à prouver de le sens d'une constitution n'est pas un donné irrémédiablement figé dans les textes. Si le pouvoir constituant est une puissance qui fait ou transforme les constitutions, il faut*

bien admettre que son action n'est pas limitée aux modalités juridiquement organisées de son exercice. A vrai dire, il ne cesse jamais d'agir. On rend généralement compte de cette action permanente en la qualifiant de coutume constitutionnelle. Nous verrons comment il faut entendre celle-ci et quelle valeur il convient d'accorder à son autorité. Ici, nous devons constater qu'elle est impuissante à traduire la vitalité incessante des forces constituantes. Une coutume une fois formée suppose, tout comme la règle écrite, une certaine immobilité de l'état de droit qu'elle a créé; pour s'affirmer, elle a besoin d'une certaine constance dans la pratique. Or, la signification présent d'une constitution est essentiellement mobile: sans que leur cadre formel soit touché, les institutions, les organes, les autorités connaissent des périodes d'épanouissement suivies de crises de dégénérescence. Je sais bien ce que de semblables altérations doivent à la conjoncture politique, mais il me semble que c'est se satisfaire trop aisément que de les expliquer par les circonstances. Il y a un exercice quotidien du pouvoir constituant qui, pour n'être pas enregistré par les mécanismes constitutionnels, ni par les simographes des révolutions n'en est pas moins réel. Particulièrement dans les régimes démocratiques du style classique où les citoyens ont un large accès aux instruments de diffusion de la pensée, il y a une action constituante permanente de l'opinion. Sur le canevas du texte em vigueur, c'est qui brode le possible ou l'interdit: aucun homme politique digne de ce nom n'ignore que le champ ouvert à ses prérogatives se trouve plus exactement décrit par la rumeur de la rue ou le cours de la rente que par les articles de la constitution. Assurément, ni la couleur des éditoriaux, ni les fluctuations de la Borse n'ont qualité pour changer texte constitutionnel, mais ce sont eux cependant que le valorisent dans le moment où il est appelé à jouer. Plus que sur l'élégance et la logique des textes, la solidité d'un régime politique s'appuie sur le plébiscite journalier par lequel l'opinion fait la constitution en la rendant vivante, c'est-à-dire applicable dans telle de ses dispositions, désuète ou inopportune dans d'autres.

Sans doute convient-il de ne pas exagérer la portée de ces observations et d'en conclure hâtivement à la vanité de la constitution *au sens formel du terme; et sans doute aussi n'est-il guère possible d'analyser les formes d'exercice de ce pouvoir constituant discret et innommé, pouisqu'on ne saurait les isoler de tout le contexte de la vie politique qui les enrobe.*

Il m'a paru toutefois que la science politique se doit de mentionner l'existence de ce pouvoir constituant diffus, qu'aucune procédure ne consacre, mais à défaut duquel cependant la constitution officielle et visible n'aurait d'autre saveur que celle des registres d'archives. Fidèles aux méthodes traditionnelles, nous analyserons l'exercice du pouvoir constituant selon ses formes codifiées, mais sans oublier que, pour être les plus voyantes, elles ne sont peut-être pas les plus parfaites, ni les plus efficaces. §1º — Etendue des pouvoirs de l'autorité révisionniste.

108. — Indépendance du pouvoir constituant originaire. — Dans l'exercice du pouvoir constituant, le pouvoir originaire se caractérise par une liberté totale. Juridiquement, cette indépendance tient à ce qu'il est un pouvoir à compétence totale qu'aucune règle antérieure, ni de fond ni de forme, ne saurait assujettir puisqu'étant l'origine de tout ordonnancement juridique, il est qualifié pour l'abroger ou le modifier. Politiquement, il doit son autonomie à son titre d'instrument du souverain. C'est ce titre que les publicistes du XVIIIème siècle, et notamment Rousseau, on fait valoir pour établir la souveraineté constituante inconditionée de la nation. Cette liberté, que jamais les individus ou les corps exerçant le pouvoir originaire n'ont songé à mettre en doute, reçut une illustration éclatante dans la manière don l'affirmèrent les constituants révolutionnaires. Lorsque les Etats généraux s'érigèrent en Constituante, l'assemblée ainsi formée ne chercha pas d'abord dans sa seule volanté souveraine le fondement du pouvoir qu'elle prétendait exercer. Elle soutint qu'elle devait sa compétence constituante au mandat qu'elle avait reçue de la nation. C'était là une argumentation fragile, car il eût fallu prouver qu'un tel mandat était valable et que l'ordre juridique de l'Ancien Régime autorisait les électeurs à le donner à leurs élus. Mais, du moins, cetle idée d'invoquer "les pouvoir qui leur avaient été confiés par les citoyens de toutes les classes" dénote la timidité *première des constituants. Très vite cependant cette timitidé devait faire place à une conscience plus exacte de leur situation. Lorsqu'il fui question pour l'Assemblée, non plus de légitimer son pouvoir constituant, mais de savoir comment elle en userait, les termes des mandats, souvent divergents et même contradictoires, ne lui furent plus d'aucun seccours. Bien au contraire, ils paralysaient une liberté que la Constituante voulait pleine et entière; aussi, après avoir commencé par se réclamer des cahiers, elle rejeta toute idée de mandat et dénia au corps électoral le droit de donner des instructions à ses élus. Ainsi, moins de trois mois après sa réunion, l'Assemblée se reconnaissait indépendante, libre de ses choix comme des formes procédurales, telle, enfin, que droit être l'agent d'exercice du pouvoir originaire.*

De cette indépendance, il résulte qu'on saurait dresser un tableau rigide des méthodes selon lesquelles procède le pouvoir constituant originaire. La manière dont il établit la constitution nouvelle est fonction des circonstances politiques et de l'idée de droit que représente le pouvoir qui s'impose. Tantôt une assemblée déjà réunie s'emparera du pouvoir constituant et fera une constitution: c'est ainsi qu'opéra la Constituante en 1789 et la Chambre des députés en 1830, lorsqu'elle révisa la Charte de 1814. Tantôt, au lendemain d'une révolution, le gouvernement de fait promulguera lui-même le nouvel acte constitutionnel, comme ce fut le cas, après le 2 décembre, lorsque le prince Louis-Napoléon élabora la Constitution du 14 janvier 1852. Tantôt, encore, une guerre victorieuse ayant conduit à l'indépendance une collectivité jusqu'alors assujettie, un gouvernement provisoire organise une procédure d'établissement d'une constitution à laquelle la nation est invitée à participer, soit directement para référendum, soit indirectement para l'élection d'une assemblée constituante. Tel fut le cas, par exemple, lorsque les Républiques de l'Amérique Latine s'affranchirent de la tutelle espagnole ou encore lorsque l'effondrement des Empires centraux, en 1918, donna naissance à des Etats nouveaux. Aujourd'hui, le procédé le plus fréquemment utilisé, du moins lorsque le renouvellement des institutions est le résultant d'une crise interne, est celui

qui consiste en l'intervention d'une assemblée constituante élue sur l'initiative du gouvernement issu du coup d'Etat ou de la révolution. Ainsi furent élaborées en France les Constitutions de 1848, de 1875 et la Loi Constitutionnelle du 2 novembre 1945.
Tous ces précédents témoignent clairement de la liberté du pouvoir originaire. L'étendue de ses compétences ne dépend que de lui et c'est pourquoi, non seulement il peut, sur le plan constituant, modifier, amender le règles anciennes ou faire de toutes pièces une œuvre nouvelle, mais encore, sur le plan de l'activité gouvernementale courante, assumer d'autres fonctions étatiques et, notamment, le pouvoir législatif ordinaire. Je ne dis pas qu'il est opportun qu'il agisse ainsi, je constate simplement que sa qualitité de pouvoir originaire lui en donne la possibilité. [Traité de science politique, LGDF, tome IV, p. 245 à 249, 12ème édition]

X. Conclusão

A conclusão do trabalho do senhor consultor-geral, em tom discursivo, é recheada de conselhos e advertências. Eles e elas valem para que a Assembleia Nacional Constituinte tome consciência de que, por motivos de ordem política conjuntural, está em desenvolvimento uma ampla operação buscando o seu amesquinhamento perante a opinião pública. É a questão da duração do mandato presidencial, é a questão do sistema de governo, é aquela referente à discriminação de rendas, são os avanços que o projeto de Constituição aprovado pela Comissão de Sistematização consigna no que diz respeito aos direitos individuais, aos direitos políticos, aos direitos sociais, à ordem econômica e à ordem social, que inspiram e estimulam esse movimento do qual o trabalho do senhor consultor é mais do que um manifesto: é uma senha.

Para encerrar, merece ser transcrita a parte final do parecer que, sobre as emendas de plenário, tive a oportunidade de apresentar como relator do projeto de Constituição, no dia 20 de janeiro do corrente ano:

A Assembleia Nacional Constituinte de 1987 não se originou de ruptura da ordem jurídica. Ela se assegurou de soberania e liberdade irrestritas, em razão da manifestação popular, única fonte legítima de poder, que se consagrou nos votos das urnas de 1986. A ruptura dar-se-á, por isso, com a promulgação da nova Constituição, quando em verdade estaremos a sair da excepcionalidade institucional para a plenitude do Estado de Direito, pois encerrado o período de transição que o gênio político brasileiro construiu como meio para se atingir a normalidade democrática. Não por outra razão, esta será uma Constituição analítica, por força da necessidade de assegurar todos os instrumentos e salvaguardas para a consecução dos objetivos políticos, sociais e econômicos do povo brasileiro.

Discurso de despedida
– senador Bernardo Cabral –
Senado Federal

Brasília — 2002

O *sr. Bernardo Cabral* (PFL-AM) — Senhor presidente, sras. e srs. senadores, quero chamar este pronunciamento de discurso de despedida, apesar de considerá-lo um tanto diferente, por trazer no seu bojo a distinção de certos adeuses, pois há de servir de adorno o engaste eterno da minha lembrança.

Recordo a época em que cheguei ao Parlamento, nos idos de 1967, mal saído da casa dos 30 anos de idade, onde, na Câmara dos Deputados, ao meio de tantas figuras notáveis, fui escolhido vice-líder da oposição, então comandada pelo modelo de homem público do saudoso Mário Covas, cujo nome a classe política até hoje soletra com respeito.

Da postulação altiva dessa oposição política na Câmara dos Deputados, em aditamento à ação que já vinha contrariando muitos interesses, tantos parlamentares, entre os quais eu próprio, tivemos os nossos mandatos eletivos cassados e suspensos os nossos direitos políticos por 10 anos, além de outras punições ditadas pelo famigerado Ato Institucional nº 5, de 13 de dezembro de 1968. No entanto, não se conhece ninguém que tenha sido acusado, em algum tempo, acusado por venerar a sua pátria. Não há ira de injustos identificável com a glória. Os pósteros se afirmam na serena sublimação de seus éditos morais. O veredicto que louva ou condena qualquer individualidade humana se arrima nos lastros das provas irrecusáveis, e essas jamais foram exibidas. Tal perseguição motivou a diáspora que se abateu sobre tantos colegas, alguns partindo para o exterior, outros ficando confinados aqui mesmo, no seu torrão natal. Espécies de párias, sem documento de identidade, sem título de eleitor, sem permissão para abrir conta nos bancos oficiais, proibidos de fazer concurso público ou exercer qualquer função pública. Diáspora essa que, muitos anos depois, cedeu lugar ao reencontro, e o palco foi a Assembleia Nacional Constituinte, que, por ser dos tempos atuais, dispenso-me de sobre ela tecer comentários.

Hoje, no nosso país, o grande tema, o mais momentoso é o da fome. Senhor presidente, não sei em que razões se inspiram os chefes de Estado de algumas falsas democracias quando permitem, por omissão, a morte de milhares de crianças. Se não há pelotões de fuzilamento, a fome se encarrega de destruir essa preciosa reserva humana. Note-se a respeito a dolorosa aliança de poder com essa mesma fome, pois, por não querer combatê-la, revela-se o seu fiador abrindo brechas no âmbito de uma civilização. Os túmulos de meninos assassinados pela fome são sepulturas sem inscrição.

Os que, todavia, registramos essa clamorosa sucessão de tragédias, não relutamos em comprovar o pavor que aparece anônimo. São meninos que não escaparam aos golpes da injustiça social, encerrados, por fim, no sepulcro do esquecimento. A pergunta paira no ar: por que essa humanidade de calças curtas e desprovida da fortuna está proibida de viver? Há alguma lei despótica, por certo, impedindo o exercício de um sagrado direito.

Tal dispositivo evidentemente exclui-se das cartas constitucionais, mas preside e demanda o espírito de cegos governantes, ou seria simples lugar-comum afirmar-se que as crianças, por leis inalistáveis, caem em desprezo diante dos que promovem os festins palacianos? De outra parte, seria válido o conceito de que nação adulta é nação sem infância?

Por igual, é lícito afirmar que a culpa não cabe só aos governos, mas também a nós como parcela da humanidade, pois, quando se fala desses meninos famintos, desses meninos que a fome não mata, e os que não morrem integram a faixa proletária, sendo praticamente todos seduzidos pelo fantasma do delito, é de se indagar: o que faz o Estado? Despreza-os e deles se lembra apenas na hora de os fazer recolher ao cárcere, antônimo filosófico da universidade.

Ao governo que se instala no dia 1º de janeiro de 2003, deixo essas reflexões.

Permita-me os eminentes colegas falar agora um pouco sobre a reforma do Judiciário. Permitam-me, porque seria desconcertante não o fazer, que dê uma ligeira palavra sobre a Reforma do Judiciário, cujo texto se encontra neste Plenário para votação em primeiro turno e que, talvez, não seja o ideal, mas o possível no momento atual, a partir dos quadros políticos institucionais.

O balanço que faço é de um texto que contenha instrumentos efetivos e imediatos de solução para a grande maioria dos problemas do Poder Judiciário, a permitir que novas frestas de luz iluminem os operadores do direito e seus doutrinadores na busca de soluções modernas, a partir de premissas novas, com o abandono de vários dogmas já sepultados pela atual prática do direito.

Teses, princípios e soluções incontestáveis há alguns anos devem ser relidos com urgência, atualizados ou abandonados, para não persistirmos na utopia do acesso ao Judiciário apenas como prescrição constitucional, e que, como princípio fundamental, não sobrevive fora das condições ideais de temperatura e pressão dos mais ricos escritórios e gabinetes do país.

Os operadores do direito verão que um Judiciário ágil, eficiente, desburocratizado e efetivo é útil tanto para o jurisdicionado quanto para cada um dos setores que atuam nessa área, direta ou indiretamente.

Isso tudo me leva a crer que nesta reforma do Judiciário, insultado, ofendido, noites em claro, fins de semana desperdiçados, férias não gozadas, talvez eu tenha feito uma ingrata peregrinação, espécie de romeiro desapontado, pois acabou ficando às claras, com as engenhosas manobras regimentais, para dizer o mínimo, que ao invés de se elevar o percentual do debate de forma racional se fez o pior: ficou reduzida a zero a taxa de responsabilidade na discussão das profundas e preocupantes questões que afligem o Judiciário.

Fecho parêntesis, senhor presidente, e o faço porque este é um momento de despedida. É hora de concluir e, ao fazê-lo, verifico que o horizonte da minha vida vai-se aproximando cada vez mais, alcançando, no dizer do filósofo, "a decrepitude do corpo, que conserva o desejo, mas perde a esperança". É hora, pois, de jogar fora as eventuais mágoas, se é que elas existem, e cultivar apenas as boas lembranças.

Quero despedir-me de todos: do senador governista, aquele que apoia o governo, e do oposicionista, sem levar em conta qualquer excesso nas suas críticas aos funcionários. Quero despedir-me, portanto, daquele que é mais graduado ao mais humilde, da Consultoria Legislativa e, sobretudo, dos leais companheiros do meu gabinete de apoio.

Concedam-me, ainda, a benevolência de ressaltar que, sendo um homem sem ganâncias materiais, mas ricamente provido de valores morais e espirituais, jamais me submeti a pressões de interesses particulares contrariados, nem a pressões de grupos insensíveis ao interesse público. Não saio, portanto, da política como pioneiro do nada ou como desbravador do inútil, uma vez que, no exercício do meu mandato de senador, nunca utilizei o aval da omissão ou concedi a cautela do meu silêncio, pois os que assim pensam e procedem sentirão um dia que a omissão e o silêncio foram gestos de covardia e não merecerão o respeito dos seus semelhantes ou a compreensão dos seus pósteros, acabando por serem levados ao cadafalso da opinião pública. Também não me viram os meus ilustres colegas senadores, em nenhum instante, participar como conviva do banquete da calúnia, injúria ou difamação, recursos que jamais substituirão os argumentos.

Senhor presidente, sras. e srs. senadores, quando, ao início destas minhas palavras, ressaltava ser este um discurso de despedida, sabia por antecipação que, ao final, teria que pedir desculpas pelo tempo que a todos fiz perder e, por igual, registrar agradecimentos pela deferência da homenagem de aqui permanecerem e, quem sabe, pelo privilégio de alguns apartes — já vejo microfones levantados —, circunstâncias que ampliam o quanto me valeu o aprendizado ao longo desses oito anos na companhia de V. Ex^{a}s.

Quero dirigir, ao acercar-me do ponto final, uma palavra de profundo agradecimento ao meu Estado, ao eleitor amazonense que me levou, pela sua generosidade e pelo seu voto, à mais alta tribuna política do país, o Senado Federal, e dele me fez mandatário orgulhoso.

Por derradeiro, sinto na pele o que me ensinava o meu velho pai: "Feliz do homem público que carrega consigo as cicatrizes orgulhosas do dever cumprido".

O sr. Roberto Saturnino (Bloco/PT-RJ) — Permite-me V. Exª um aparte?

O sr. Bernardo Cabral (PFL-AM) — Ouço V. Exª com prazer.

O sr. Roberto Saturnino (Bloco/PT-RJ) — Senador Bernardo Cabral, sabendo que seria desejo de todos homenagear, justamente, a figura de V. Exª, fui o primeiro a lhe pedir um aparte. Pela sua estatura neste Senado e na Câmara, V. Exª é um gigante do Parlamento brasileiro até o dia de hoje, sem interrupção e sem descontinuidade alguma. V. Exª, no exercício do mandato de deputado ou de senador, agigantou-se entre os seus pares pela seriedade, pela dedicação, pelo espírito de brasilidade e pela defesa do seu Estado e da região amazônica. V. Exª, mais recentemente, destacou-se na Presidência da Comissão de Constituição, Justiça e Cidadania, na relatoria da reforma do Judiciário. Por tudo isso, V. Exª foi um gigante reconhecido por unanimidade nesta Casa. O Brasil inteiro reverenciou seu trabalho na Constituinte, que tantos caminhos abriu neste país. Cumprimento V. Exª da forma mais convicta e segura de que estou fazendo justiça ao dizer que V. Exª tem sido um gigante neste Parlamento e, certamente, continuará a sê-lo em outras oportunidades, em novos períodos que ainda se abrirão para um representante da magnitude, da inteligência e do brilho de V. Exª — tudo isso ao lado da primorosa oratória. Por todas essas qualidades, pela honradez e pela ética, V. Exª merece a homenagem dos seus pares e de todos os brasileiros. Meus cumprimentos pelo trabalho de V. Exª — tanto pelo trabalho mais antigo como pelo trabalho mais recente — sem nenhuma queda de qualidade em relação a tudo que V. Exª tem feito nesta Casa. Meus cumprimentos.

O sr. Bernardo Cabral (PFL-AM) — Senador Edilson Lobão, peço a V. Exª que registre os colegas que estão me dando a honra do aparte e que, ao final, conceda-me um tempo para a devida resposta.

O sr. presidente (Edilson Lobão) — A Mesa atenderá ao pedido de V. Exª.

O sr. Bernardo Cabral (PFL-AM) — Ouço o aparte do senador Gilberto Mestrinho.

O sr. Gilberto Mestrinho (PMDB-AM) — Eminente senador Bernardo Cabral, talvez nesta Casa ninguém tenha acompanhado a vida de V. Exª como eu o fiz. Há 43 anos, V. Exª era chefe de minha Casa Civil. Jovem, ainda, foi secretário de Segurança, deputado estadual, deputado federal. Cassado pelo AI-5, não baixou a cabeça e venceu, elegendo-se presidente da Ordem dos Advogados do Brasil. Veio a redemocratização e V. Exª voltou ao Amazonas eleito deputado federal e, posteriormente, senador da República. Durante todo esse período — quase 50 anos —, não há uma mácula na vida de V. Exª. O Amazonas tem uma dívida muito grande com V. Exª pela projeção recebida, pelo trabalho executado, pelo conceito que

V. Exª goza aqui em Brasília e fora do país. Por tudo isso, acho que o término do mandato de V. Exª é uma perda para o Amazonas. No futuro, o Amazonas vai fazer uma reflexão e verificar que o seu eleitorado foi profundamente injusto com V. Exª, não compreendeu o extraordinário trabalho feito durante toda uma vida pública. Quero dizer-lhe que aqui continuaremos trabalhando pela nossa terra e pela nossa gente e que acredito que V. Exª continuará vitorioso. V. Exª não foi derrotado: V. Exª foi vítima. Acredito que todo o Amazonas compreende isso. Parabéns por sair daqui de cabeça erguida.

O sr. Bernardo Cabral — Concedo aparte ao senador Jorge Bornhausen.

O sr. Jorge Bornhausen (PSDB-SC) — Eminente senador Bernardo Cabral, longa amizade nos une — começou há mais de 20 anos, quando V. Exª decidiu organizar o congresso da OAB em Santa Catarina, mais precisamente em nossa capital. Ali nos conhecemos e ali construímos, em uma delicada situação, um congresso democrático, o qual V. Exª presidiu com a sua habilidade, como presidiu a OAB, com inteligência, capacidade e, sobretudo, na busca da harmonia e dos interesses maiores daquela entidade. Posteriormente, encontramo-nos no Parlamento nacional. V. Exª teve a incumbência de ser relator de uma Constituição, e isso é muito difícil pelo conflito de interesses. Muitas vezes, quando algo não sai de acordo com aquilo que alguns pensam, voltam-se contra o relator, que apenas procura fazer com que se constitua a maioria, procurando imprimir, naturalmente, a sua inteligência e o seu conhecimento, como fez V. Exª na Carta Magna deste país. Posteriormente, tive a felicidade, como presidente do PFL, de convidá-lo para participar do nosso partido; participar na direção do nosso partido, em que V. Exª tem sido um extraordinário companheiro, um grande conselheiro, um hábil articulador e, sobretudo, um advogado permanente da nossa agremiação. Quero me congratular com V. Exª agora, no período em que encerra o seu mandato e que deixa, como um grande trabalho nesta Casa, como relator novamente, a reforma do Poder Judiciário — um belo e excelente trabalho, harmonioso, fruto da sua habilidade, da sua capacidade e da sua inteligência. Receba, pois, em nome pessoal, como amigo e como senador, e em nome do presidente, da presidência do seu partido, o nosso abraço e a nossa congratulação.

O sr. Antonio Carlos Junior (PFL-BA) — Permite-me V. Exª um aparte?

O sr. Bernardo Cabral (PFL-AM) — Concedo o aparte ao Senador Antonio Carlos Junior.

O sr. Antonio Carlos Junior (PFL-BA) — Senador Bernardo Cabral, quando aqui cheguei nos fins de maio do ano passado, tinha a certeza de que teria uma grande amizade com V. Exª. Pelo relacionamento de meu pai, que esteve com V. Exª aqui no Senado, e de meu irmão, seu companheiro na Constituinte, isso já me criava uma simpatia por V. Exª antes de tê-lo como companheiro. Foi extremamente gratificante tê-lo como companheiro aqui, nesta Casa e, principalmente, na Comissão de Constituição, Justiça e Cidadania. Tive a sua lealdade, a sua amizade e a sua cumplicidade nesse tempo que trabalhamos juntos. E essa árdua e importante reforma do Judiciário contou com a sua extrema dedicação, competência e fôlego. V. Exª contou com a importante colaboração do senador Osmar Dias. Mas também procuramos ajudá-lo, juntamente com o senador José Fogaça e os demais membros da Comissão, no sentido de votar esse projeto, o que acabou não acontecendo por interesses outros, gerando uma frustração em todos nós. Mas esse é só um dos pontos do seu invejável currículo: advogado há 50 anos; secretário de Segurança Pública, secretário do Estado do Interior e Justiça, e chefe da Casa Civil do Estado do Amazonas; deputado estadual e presidente da Comissão de Constituição e Justiça da Assembleia do Amazonas; deputado federal pelo Amazonas, cassado em 1969; membro nato e presidente da Ordem dos Advogados do

Brasil; deputado constituinte; relator da Comissão de Sistematização; relator geral da Assembleia Nacional Constituinte de 1988; presidente da Comissão de Relações Exteriores da Câmara dos Deputados em 1989; ministro da Justiça em 1990. Eleito para o Senado como o mais votado do Amazonas, presidiu a Comissão Parlamentar de Inquérito de Títulos Públicos e, atualmente, é o grande presidente da Comissão de Constituição, Justiça e Cidadania do Senado e o relator da PEC Nº 29, a qual gostaríamos, repito, que tivesse sido votada. Serei eternamente grato a V. Exª por tudo que aprendi, não só na lealdade e na amizade, mas também na maneira como me conduzir nesta Casa. Muito obrigado.

O sr. Lúcio Alcântara (Bloco/PSDB-CE) — V. Exª me concede um aparte?

O sr. Bernardo Cabral (PFL-AM) — Concedo o aparte a V. Exª.

O sr. Lúcio Alcântara (Bloco/PSDB-CE) — Senador Bernardo Cabral, serei breve, de uma brevidade que irá me privar de dizer tudo o que gostaria de V. Exª. Assim como o senador Jorge Bornhausen, tive o privilégio de conhecê-lo quando prefeito de Fortaleza. E V. Exª, na condição de presidente da Ordem dos Advogados do Brasil, ali comparecia naquela cidade para promover também um desses eventos que a Ordem realiza regularmente — e todos naquele momento delicado em que vivíamos — destinados a ter uma grande repercussão política. A partir dali, cimentamos uma amizade sólida que foi tecida por um amigo comum, o grande advogado Sérgio Ferraz. Depois nos encontramos na Assembleia Constituinte, quando V. Exª, junto com o presidente Ulysses Guimarães — posso dizer — foram os dois pilares fundamentais para que fizéssemos aquela travessia onde todos os anseios democráticos, todas as demandas confluíam para lá, em uma grande expectativa da sociedade brasileira. Chegarmos ao fim daquele trabalho já foi uma façanha, e todos creditamos grande parte do êxito a V. Exª. Mas gostaria de destacar aqui, no plano pessoal, o caráter de V. Exª, a maneira como se relaciona com os colegas, a sua fidalguia, a lhaneza de trato, a maneira discreta com que se conduz. E, no plano político, duas lealdades às quais V. Exª tem-se mantido fiel, tem conservado ao longo de toda a sua vida pública: a lealdade à Justiça, aos princípios, aos postulados, aos valores da Justiça, no sentido mais amplo que possamos querer dar a essa palavra; e a lealdade ao seu estado. V. Exª, que é normalmente um homem muito tranquilo, poucas vezes perdia a serenidade e geralmente o fazia quando via que se atentava contra os interesses do seu Estado. Isso, para mim, tem um valor muito importante, porque tendo se mantido fiel a esses dois compromissos que nortearam e que balizaram a sua atividade política, tem cumprido realmente com o seu papel, com o seu destino de homem público. E V. Exª é uma alma generosa, que acolhe esses reveses como consequências da política, da vida pública. Uma das características da democracia é a incerteza. E nós que somos políticos, que disputamos eleições, que temos mandato, devemos compreender essa volubilidade da opinião pública, o exercício legítimo que o eleitor tem de escolher os seus representantes. E V. Exª não se abate com isso, porque vai sair daqui com o certificado de que se conduziu no Senado, como em outras funções que ocupou, de maneira correta, com uma postura à altura do caráter e da formação jurídica e política que V. Exª tem. Então, leve o nosso abraço e este depoimento, singelo, mas que se complementa com os que já foram oferecidos e com outros que virão. Quero destacar como o senador Roberto Saturnino foi feliz no seu aparte. Nós todos poderíamos ter feito coro com V. Exª, para não tomarmos tanto tempo e, talvez, pouparmos V. Exª da emoção que lhe acomete neste momento. Leve o nosso abraço, a nossa amizade, o nosso reconhecimento e saiba que o país fica a dever muito a V. Exª. Poucos são os relatores de uma Constituinte, e V. Exª leva esse galardão — talvez como a suprema conquista da sua vida pública —, tendo-se havido bem na função. É isso que queremos dizer, em nome dos cearenses, pois V. Exª teve sensibilidade para as questões regionais, foi um relator digno desse processo de integração da pátria brasileira, obtendo, com a Constituição de 1988, a celebração de um grande pacto. Muito obrigado.

O sr. Eduardo Suplicy (Bloco/PT-SP) — Permite-me V. Exª um aparte?

O sr. Bernardo Cabral (PFL-AM) — Ouço, com prazer, o senador Eduardo Suplicy.

O sr. Eduardo Suplicy (Bloco/PT-SP) — Senador Bernardo Cabral, V. Exª colocou como ponto inicial do seu pronunciamento a prioridade do novo presidente, Luiz Inácio Lula da Silva, de combater a fome e a miséria neste país, expressando a sua concordância com esse objetivo maior, que todos aguardamos, com a certeza de que será empreendido e bem-sucedido pelo novo governo. V. Exª falou sobre a reforma do Judiciário, tema a que se dedicou intensamente, sobretudo nos últimos meses — e somos testemunhas disso. Nas últimas semanas, como V. Exª bem sabe, tivemos algumas divergências sobre aspectos da reforma do Judiciário, mas, como líder do PT e do Bloco de Oposição, quero dizer que, ao longo desses oito anos, aprendemos com V. Exª, sobretudo com relação a sua forma de agir e dialogar com cada um dos senadores, inclusive com os senadores do Partido dos Trabalhadores e comigo próprio. Sempre tive em V. Exª um exemplo de como conduzir um diálogo construtivo. Na maior parte das vezes, senador Bernardo Cabral, votamos juntos matérias neste plenário e, tantas vezes, V. Exª deu seu apoio às proposições por mim defendidas. Quero agradecer por esses gestos de V. Exª e por tudo aquilo que aprendi com o seu trabalho, que merece o nosso respeito e apoio. Muito obrigado.

O sr. Lindberg Cury (PFL-DF) — Permite-me V. Exª um aparte?

O sr. Bernardo Cabral (PFL-AM) — Ouço o eminente senador Lindberg Cury.

O sr. Lindberg Cury (PFL-DF) — Sr. presidente, permita-me quebrar a regra e falar de pé. Quero prestar uma grande homenagem a um grande brasileiro, a uma pessoa que aprendi a admirar ao longo de minha vida. Falo com a mesma emoção do nosso colega Antônio Carlos Júnior. É uma despedida, é um momento de tristeza, é o momento em que o nosso cancioneiro, Almir Sater, disse com muita propriedade: "Todo mundo ama um dia, todo mundo chora. Um dia, a gente chega; noutro dia, a gente vai embora". É com um misto de tristeza e de alegria que hoje assumo essas palavras. Alegria por toda a convivência que tivemos ao seu lado, alegria pelo aprendizado, alegria por ouvi-lo dentro da expressão verdadeira de quem conhece a Constituição, de quem conhece as regras, de quem conhece o Senado, é integro e é um grande orador. Lembro-me de que, pouco tempo depois que V. Exª foi cassado, passeando pela rua, jamais poderia imaginar que o já famoso Bernardo Cabral me conhecesse. E V. Exª me chamou pelo nome: "Lindberg, continue com a luta pelo direito de voto em Brasília. É uma questão de tempo". Guardei essas palavras e levamos nossa proposta à frente. Hoje, Brasília vota. Quero também saudá-lo com alegria pelo brilhantismo de sua inteligência. Quero brindá-lo pelos cargos que V. Exª ocupou no Amazonas e que foram citados aqui, como a presidência da OAB, exercida em um momento difícil da história do Brasil em que o país passava por uma revolução, e V. Exª, na sua autenticidade, sempre falava a verdade com austeridade e muita coragem. Lembro-me de um fato muito importante: V. Exª foi presidente da Comissão Parlamentar da Constituinte de 1988 e, por duas vezes, foi presidente da Comissão de Constituição e Justiça da Assembleia Nacional Constituinte. Creio que não exista no nosso país outro político que tenha alcançado, por duas vezes, cargo de tamanha importância, dirigindo e escrevendo um rumo para a democracia do Brasil. Não quero me estender muito, amigo senador, mas encerro este aparte com os versos do grande poeta e jornalista Fernando Sabino, que retratam fielmente a sua vida:

> De tudo, ficaram três coisas:
> a certeza de que estamos sempre começando,
> a certeza de que é preciso continuar e
> a certeza de que somos interrompidos antes de terminar.

Faça da interrupção um caminho,
da queda, um passo de dança,
do medo, uma escada,
do sonho, uma ponte,
e da procura, um encontro.

Só lamentamos por V. Exª não ter conseguido deixar um marco importante na história do país: o término da reforma judiciária. Muito lamento a ingratidão daqueles que não compreenderam. Muito obrigado, vá com Deus, seja feliz. Em breve, V. Exª estará de volta.

O sr. Mozarildo Cavalcanti (PFL-RR) — Permite-me V. Exª um aparte?

O sr. Bernardo Cabral (PFL-AM) — Ouço V. Exª com muito prazer.

O sr. Mozarildo Cavalcanti (PFL-RR) — Senador Bernardo Cabral, o senador Gilberto Mestrinho disse que o Amazonas perde. Eu digo que a Amazônia e também o Brasil perdem uma grande figura no Senado Federal. Eu, particularmente, tive a oportunidade de conviver com V. Exª na Constituinte e aprendi muito não só com seu saber jurídico, mas também com a capacidade que V. Exª teve de saber costurar tantos interesses e tantas ideias divergentes num projeto que, ao fim, deu praticamente a todos a satisfação de ter atendido, se não no todo, em grande parte àquilo que foram defender naquela Assembleia Nacional Constituinte. Eu, particularmente, além de outros temas, tinha como ponto máximo a luta pela transformação do meu território federal de Roraima em estado-membro da Federação. V. Exª soube conduzir e acolher o anseio de todos os deputados federais de Roraima e do Amapá, transformando, portanto, aqueles territórios daquela figura esdrúxula de espécie de autarquia federal em estados-membros da Federação, dando aos seus habitantes a condição de cidadãos brasileiros por inteiro. No Senado Federal não foi diferente. V. Exª se dedicou de corpo e alma a várias tarefas, mas principalmente à tarefa da reforma do Judiciário, que passou oito anos na Câmara dos Deputados. Aqui nenhuma crítica ao trabalho da Câmara dos Deputados, que é muito diferente do nosso, mas em apenas dois anos aqui, V. Exª soube dar celeridade a esse trabalho e ouvir todo mundo, como V. Exª já teve oportunidade de dizer dessa tribuna, e indo praticamente a todos os estados brasileiros participar de seminários e debates, concluir por um trabalho que, como bem disse V. Exª, se não é perfeito, com certeza é o que se pôde fazer para este momento da história brasileira. Em apenas dois anos, V. Exª conseguiu concluir a proposta de reforma do Judiciário, e talvez esse trabalho lhe tenha custado a reeleição, exatamente porque privou da sua presença na campanha, baseada no corpo a corpo na sua base eleitoral no Amazonas. Esse seu trabalho não será esquecido nem pelos brasileiros de outros lugares e tenho certeza de que será reconhecida pelos amazonenses a injustiça cometida com V. Exª por sua não reeleição. Os grandes homens sabem — assim como V. Exª — atravessar esses momentos. V. Exª deixa para todos nós um exemplo de competência, de serenidade e de honestidade no trabalho. Parabéns, quero estar sempre ao seu lado onde estiver.

O sr. Nabor Júnior (PMDB-AC) — Concede-me V. Exª um aparte?

O sr. Bernardo Cabral (PFL-AM) — Concedo um aparte a V. Exª.

O sr. Nabor Júnior (PMDB-AC) — Senador Bernardo Cabral, procurei ser breve para oferecer oportunidade a todos os companheiros que pretendem apartear V. Exª para manifestar o reconhecimento por seu trabalho e por sua dedicação à causa pública do estado do Amazonas e de nosso país. Eu não poderia deixar de apartá-lo, porque tenho uma longa convivência com V. Exª. Morei no estado do Amazonas — como V. Exª sabe —, estudei no Colégio D. Bosco e no velho Ginásio Amazonense, quando o conheci. V. Exª era acadêmico de direito, já participava da vida pública no estado do Amazonas e era considerado um dos melhores oradores daquela época e manteve-se assim até hoje. Todos nós reconhecemos que V. Exª galgou posições destacadas na vida pública do país graças ao seu preparo intelectual e graças também a sua oratória. Portanto, quero não apresentar congratulações a V. Exª. Penso que devemos lamentar, pois o Senado perdeu uma figura proeminente como V. Exª, um homem que prestou tão grandes e assinalados serviços a este país, como relator da Assembleia Nacional Constituinte, como relator da reforma do Judiciário e de tantos outros projetos importantes que tramitaram tanto na Câmara dos Deputados como no Senado Federal. Aceite, portanto, a solidariedade de um companheiro que, como V. Exª, deixou de ser reeleito nas últimas eleições. Meus cumprimentos a V. Exª pelo magnífico pronunciamento de despedida nesta tarde no Senado Federal.

O sr. Francelino Pereira (PFL-MG) — Senador Bernardo Cabral, V. Exª me permite um aparte?

O sr. Amir Lando (PMDB-RO) — Também peço um aparte a V. Exª, senador Bernardo Cabral.

O sr. Bernardo Cabral (PMDB-AM) — Concedo o aparte ao senador Francelino Pereira e, posteriormente, ao senador Amir Lando.

O sr. Francelino Pereira (PFL-MG) — Permita-me a Casa proclamar que V. Exª é o maior de todos nós. Ninguém o excede em lucidez, inteligência, talento e honradez. V. Exª é um exemplo para todos os brasileiros nesta nação sempre aflita diante de seu futuro. V. Exª só nos deixa uma solução: avançar sempre, contra todos os riscos. Reitero que o Brasil é um país desigual e injusto. A sua luta será sempre incomum, mas por ser instigante atrai, envolve, torna-se prazerosa, tanto mais que aos obstinados e aos éticos não lhes falta o dom do recomeço. V. Exª há de ter o prazer, que para nós é uma honra, de não perder o contato conosco, com esta Casa. O brilho da sua inteligência não foi correspondido pela decisão do povo do seu Estado, mas a inteligência brasileira, de ponta a ponta, aponta V. Ex.ª como um dos homens públicos mais honrados deste país.

O sr. Bernardo Cabral (PFL-AM) — Obrigado.

O sr. Francelino Pereira (PFL-MG) — Quero que V. Ex.ª leve para sua esposa, para o seu estado, para o Rio de Janeiro, se V. Ex.ª transferir-se para aquela capital, a nossa palavra de solidariedade, de respeito e de consideração ao seu destino, que é o melhor de todos os destinos de todos nós. Muito obrigado.

O sr. Amir Lando (PMDB-RO) — Nobre senador Bernardo Cabral, 1982. Congresso Nacional de Advogados. Florianópolis. V. Ex.ª presidindo a Ordem dos Advogados do Brasil. V. Ex.ª era grande, respeitado, saudoso por todos os advogados do Brasil o grande presidente. Não era senador, não era deputado. Ser grande não depende necessariamente do exercício de um cargo político. Vossa Excelência o era, foi como deputado e senador e será, com absoluta certeza, agora, depois de deixar esta Casa. Mas, daquele momento, lembro-me de um encontro frutuoso, o "Temário e Justiça Social". Desfilaram ali os cérebros deste país, dos quais destacarei três: Goffredo da Silva Telles Júnior — Justiça Social e Liberdades Concretas; Miguel Reale Júnior — Justiça Social e Participação Política; e o grande e inesquecível Barbosa Lima Sobrinho — Justiça Social e a Imprensa. Aí, Justiça Social e Reforma Agrária; Justiça Social e Habitação. Enfim, discutimos ali um projeto de país. Eu, modestamente, representando o meu estado de Rondônia, onde tive a oportunidade de conhecer V. Ex.ª pessoalmente e, daquele momento em diante, pude nutrir uma profunda admiração pela higidez de postura e pela preocupação social que hoje permeia o discurso de V. Ex.ª e que guarda a coerência daquele encontro de 1982, onde se mostrava o quadro doloroso e dramático da população brasileira, dos excluídos, e que hoje ainda estão aí a exigir de nós uma resposta. E no meio de aplausos e de emoção, naquele discurso de despedida, lembra V. Ex.ª Paganini e as cordas que se romperam e, por fim, ele executou, com aquilo que era próprio do grande gênio, apenas com uma corda, que era a corda do coração, como ele disse. É isto que V. Exª hoje recebe de nós: essa manifestação do coração, de carinho, de respeito, de admiração ao jurista emérito, ao professor honorário e, sobretudo, ao paradigma de parlamentar. Conheci V. Exª mais de perto também na Constituinte como relator geral e pude, mais uma vez, confirmar a grandeza e o amor à pátria, à causa social e, sobretudo, à justiça. V. Exª não sai do Senado. As ideias, o ideal e, sobretudo, a devoção à justiça hão de nos dar lição, a cada dia, a cada momento, porque — repito — V. Exª foi o paradigma que há de inspirar todos nós na ação parlamentar.

O sr. Bernardo Cabral (PFL-AM) — Antes de V. Exª fazer qualquer advertência, sr. presidente...

O sr. presidente (Ramez Tebet) — Advertência, não.

O sr. Bernardo Cabral (PFL-AM) — ...ao orador. Eu queria dizer a V. Exª que solicitei ao senador Edilson Lobão, antes que V. Exª me desse a honra de estar presente, que pudesse responder a todos os colegas. Espero que V. Exª, ao final, garanta-me esse privilégio para que eu possa ser mais curto nos agradecimentos, sr. presidente.

O sr. presidente (Ramez Tebet) — Até por isso, peço aos srs. senadores que pedirão aparte que o façam no prazo de dois minutos. Desse modo, teremos oportunidade de ouvir a todos e ainda a resposta do senador Bernardo Cabral.

O sr. Bernardo Cabral (PFL-AM) — E a palavra final do presidente.

O sr. presidente (Ramez Tebet) — Sem dúvida.

O Sr. José Agripino (PFL-RN) — Senador Bernardo Cabral, V. Exª me permite um aparte?

O sr. Bernardo Cabral (PFL-AM) — Pois não, Exª.

O sr. José Agripino (PFL-N) — Sr. presidente, srs. senadores, senador Bernardo Cabral, não preciso de mais de dois minutos para manifestar a minha opinião sobre Bernardo Cabral. Meu amigo Bernardo Cabral, eu estava aqui vendo V. Ex̄ª falar, ouvindo os apartes e lembrando-me, não sei se V. Ex̄ª se lembra, não faz muito tempo, do momento mais importante que vivi no Congresso Nacional nesse meu segundo mandato de senador. Foi uma sessão importante da CCJ. Lembro-me com muito orgulho da Mesa que eu presidia — eu era presidente da CCJ — e estava a meu lado o presidente da Câmara e o presidente do Senado. De um lado e do outro os presidentes do Supremo Tribunal Federal, do Superior Tribunal de Justiça, do STN, do Tribunal de Contas da União, do Tribunal Superior do Trabalho e o procurador-geral da República. Como eu me senti importante naquele dia, senador Bernardo Cabral! Foi um momento importante da minha vida, só que aquele momento não era meu; era seu. Era a sessão de aposição do retrato do ex-presidente da CCJ, Bernardo Cabral, e aquelas figuras estavam lá pelo prestígio de Bernardo Cabral, não era de José Agripino nem da CCJ, era de Bernardo Cabral. V. Ex̄ª ensejou-me esse momento importante na vida parlamentar. Logo depois, chegava ao Senado o projeto de reforma do Judiciário. Eu presidia a CCJ e precisava designar um relator. Foi a tarefa mais fácil da minha vida. Eu não tinha nenhuma outra escolha para ser perfeito e acabado senão escolher Bernardo Cabral, a quem, com muita honra, entreguei a tarefa de relatar o projeto de reforma do Judiciário, que criou uma grande expectativa no Brasil e precisa ser bem compreendido. Essa reforma não resolverá a questão da agilidade do Judiciário no Brasil, mas, sim, a reforma processual. V. Ex̄ª é muito consciente disso, pois trabalhou no sentido de aperfeiçoar o que era possível e estava contido na reforma do Judiciário. Senador Bernardo Cabral, V. Ex̄ª está fazendo o que se costuma chamar de discurso de despedida. Companheiro Bernardo Cabral, em nome do Partido da Frente Liberal, a que pertencemos, manifesto o meu pensamento: se eu fosse amazonense, seria um homem muito orgulhoso do meu conterrâneo, que foi presidente da OAB, relator da Constituinte, um homem sem nódoa no comportamento ético e moral, amigo dos amigos e afável na convivência. Esse é o sentimento dos seus companheiros do Partido da Frente Liberal, que querem continuar vendo V. Exª nas reuniões de Executiva. Senador Bernardo Cabral, o senador Lindberg Cury falou em chegar e sair. Um homem de sua estatura não vai embora, porque V. Exª chegou para ficar, lembrado pela sua competência de relator da Constituinte e presidente da OAB, decente e probo na convivência com seus amigos, dos pareceres brilhantes a culminar com o parecer sobre a reforma do Judiciário, que seguramente será aprovada e, sem dúvida, levará a marca de Bernardo Cabral. Que Deus o proteja, senador.

O sr. Lúdio Coelho (Bloco/PSDB-MS) — Permite-me V. Exª um aparte?

O sr. Bernardo Cabral (PFL-AM) — Ouço V. Exª com prazer.

O sr. Lúdio Coelho (Bloco/PSDB-MS) — Senador Bernardo Cabral, quando V. Exª começou a falar, afirmando que se estava despedindo de seus colegas, fiquei pensando na dimensão da sua pessoa. No Senado Federal, V. Exª foi um dos senadores mais trabalhadores que conheci. Considero que a pessoa trabalhadora tem uma das mais importantes qualidades em qualquer cidadão. V. Exª desempenhou bem os mandatos que recebeu durante a vida como advogado e político. A população que lhe deu esses mandatos no Congresso Nacional foi bem atendida. V. Exª, que foi bom senador e um homem público de bem, disse que estava chegando ao horizonte da vida. O que penso e desejo é que continue a trabalhar onde estiver, em qualquer tempo, que será muito útil à coletividade brasileira. O seu exemplo e sua competência são marcos que devemos seguir. Deixo-lhe meu abraço, e felicidades nessa nova parte de sua vida.

O sr. Antero Paes de Barros (Bloco/PSDB-MT) — Permite-me V. Exª um aparte?

O sr. Bernardo Cabral (PFL-AM) — Com a palavra o senador Antero Paes de Barros.

O sr. Antero Paes de Barros (Bloco/PSDB-MT) — Senador Bernardo Cabral, quero deixar registrados os meus cumprimentos e dizer que um dos momentos mais importantes da minha vida foi quando saí da Câmara Municipal de Cuiabá para a Assembleia Nacional Constituinte. Talvez V. Exª não se recorde, mas fui o único Constituinte que não tomou posse no dia da posse, porque havia uma eleição em que meu partido precisava de meu voto em Cuiabá na eleição da Câmara Municipal, e minha família toda aqui, querendo que eu tomasse posse. Fiquei, portanto, dividido entre minha família e meu dever partidário. Então, recorri à sabedoria jurídica de V. Exª. "Posso tomar posse? Posso tomar posse depois?" E V. Exª respondeu: "Vá tranquilo, defenda o seu partido", que, por sinal, era o nosso — era o velho MDB —, e votei na Câmara, tomei posse aqui um dia depois com a garantia jurídica de V. Exª que não haveria nenhum problema como de fato não houve. Depois tive a oportunidade de defendê-lo para que fosse o nosso relator da Constituinte. E todas as vezes que me dirigi a V. Exª, eu sempre cumprimentei como Bernardo Cabral, pois não sei onde foi maior: se como presidente da Ordem dos Advogados do Brasil, amigo de um dos maiores amigos meus, o nosso poeta maior Benedito Santana da Silva Freire, presidente da Ordem no meu estado de Mato Grosso; ou se como relator da Constituinte; ou se, agora, como senador da República produzindo um documento pelo qual, mesmo que possa necessitar de alguns ajustes, a história lhe fará justiça e vai assegurar a V. Exª a enorme participação na reforma do Judiciário. Tenho a mais absoluta convicção de que a reforma que aqui realizamos será aprovada e, seja quando for aprovada, lá estarão as impressões digitais do senador Bernardo Cabral. Não conheço nenhum grande homem público que não tenha sofrido nenhum revés eleitoral e V. Exª, neste momento, é um deles. Parabéns pela sua vida pública, senador Bernardo Cabral.

O sr. Bernardo Cabral (PFL-AM) — Concedo o aparte ao senador Olivir Gabardo e, em seguida, ao senador Carlos Wilson.

O sr. Olivir Gabardo (Sem Partido-PR) — Eminente senador Bernardo Cabral, não poderia me furtar ao grato dever de, nesta oportunidade, testemunhar a minha admiração por V. Exª e especial apreço que desenvolvi nesses poucos dias em que aqui tenho convivido com os eminentes senadores e, em especial, com V. Exª na Comissão de Constituição, Justiça e Cidadania. Gostaria de dizer duas palavras apenas, eminente senador. Nesse curto espaço de tempo, pude aduzir à minha vida mais um amigo. Como dizia meu falecido pai, nessa vida o homem deve granjear amizades, porque de amizades é que vivemos. No tratamento que me dispensou e na maneira como recebeu este seu companheiro na Comissão de Constituição, Justiça e Cidadania, posso dizer da sua fidalguia e do respeito e admiração que nutro por V. Exª por ter me recebido como um irmão na comissão que preside. Quero também destacar que o conheço pessoalmente há poucos dias, mas admiro-o de longa data pelo seu trabalho na Constituinte, pelo seu trabalho aqui no Senado na reforma do Judiciário, mas muito especialmente pelo extraordinário trabalho, pela produção científico-jurídica que produziu na sua vida. Isto nos leva, neste momento, a prestar a V. Exª, como todos estão prestando, a mais elevada e profunda homenagem e os votos de muito sucesso na sua vida política futura. Muito obrigado.

O sr. Bernardo Cabral (PFL-AM) — Com a palavra o senador Carlos Wilson.

O sr. Carlos Wilson (PTB-PE) — V. Exª me permite um aparte, nobre senador Bernardo Cabral?

O sr. Bernardo Cabral (PFL-AM) — Pois não, nobre senador Wilson Campos.

O sr. Wilson Campos (PTB-PE) — Senador Bernardo Cabral, lideranças como V. Exª não se despedem da vida pública porque deixam exemplos. O Senado Federal ficará marcado por mais de 100 anos com a presença de um líder, de um referencial político do país. Confesso que, quando V. Exª era deputado federal e foi relator da Constituinte, eu já acompanhava, lá em Pernambuco, há muito tempo, a carreira política de V. Exª e imaginava: "Será que um dia terei o privilégio de conviver e de aprender com um parlamentar como o deputado Bernardo Cabral?". Com o tempo, Deus me ajudou e o povo de Pernambuco me elegeu senador, em 1994, concedendo-me, assim, a oportunidade de estar aqui e ser o que sonhei: um aprendiz, sempre aprendiz, do senador Bernardo Cabral. Portanto, quando V. Exª pronuncia seu discurso como se fosse de despedida, e o Brasil inteiro o acompanha pela TV Senado e vê o Plenário quase todo presente a fim de homenageá-lo, imagino que o senador Bernardo Cabral será sempre lembrado por aqueles que virão se sentar nestas cadeiras como senadores da República. Deixarei o Senado Federal juntamente com V. Exª no próximo dia 30 de janeiro. Mas sairei orgulhoso por poder dizer a meus filhos, meus netos, à minha família que fui colega de um dos maiores brasileiros, que é o senador Bernardo Cabral.

O sr. Juvêncio da Fonseca (PMDB-MS) — V. Exª me permite um aparte, nobre senador Bernardo Cabral?

O sr. Bernardo Cabral (PFL-AM) — Pois não, nobre senador Juvêncio da Fonseca.

O sr. Juvêncio da Fonseca (PMDB-MS) — Senador Bernardo Cabral, vou me juntar aos pronunciamentos neste momento emocionante do Senado Federal, para dizer a V. Exª que grandes homens não passam nem perdem esperanças. Suas ideias, senador, são universais e indeléveis, e esta Casa, para todo o sempre, reverenciará seu pensamento e a sua figura de homem culto e sereno construtor da democracia. E, ao despedir-se, V. Exª simbolicamente deixa para esta Casa e para o Brasil uma contribuição muito forte, justamente aquela contribuição que diz respeito ao processo eleitoral deste país e que consagra muito mais aqueles que amealham recursos materiais do que aqueles que têm espírito elevado como V. Exª. Vossa Excelência é um espírito de luz, guia de tantas ações nossas no Senado e na nação brasileira. Nossas homenagens e nossas saudades. Temos certeza de que o exemplo de V. Exª e os frutos do seu trabalho, tão precioso para todos nós, deixarão marcada esta Casa para todo o sempre. Muito obrigado.

O sr. Bernardo Cabral (PFL-AM) — Senador Casildo Maldaner e, a seguir, senador Tião Viana.

O sr. Casildo Maldaner (PMDB-SC) — Senador Bernardo Cabral, se não estou equivocado, em 1988, eu vice-governador de Santa Catarina e Pedro Ivo como governador disse-me: "Olha, vai a São Paulo porque o deputado Bernardo Cabral estará sendo homenageado pelas universidades coligadas e vai representar Santa Catarina nessa homenagem". Nunca me esqueço daquela época. De lá pra cá, não só o meu estado de Santa Catarina, como disse há pouco o senador Jorge Bornhausen, mas o Brasil inteiro o vem admirando — e nós, em particular. Para ser breve, endosso o que os colegas já expuseram. V. Exª está saindo. Saio com V. Exª. Tive a honra de aqui chegar e agora de daqui sair em conjunto com V. Exª. Os exemplos de mestre de V. Exª ficam para serem seguidos. E o que eu já tive a honra de dizer, hoje, na Comissão de Constituição, Justiça e Cidadania fica reafirmado neste momento. A presença de V. Exª será sempre lembrada. E os ensinamentos de V. Exª, sem dúvida, ficarão para o Brasil.

Meus cumprimentos.

O sr. Tião Viana (Bloco/PT-AC) — Senador Bernardo Cabral concede-me V. Exª um aparte?

O sr. Bernardo Cabral (PFL-AM) — Concedo o aparte ao senador Tião Viana.

O sr. Tião Viana (Bloco/PT-AC) — Senador Bernardo Cabral, desejo manifestar meu sincero reconhecimento à trajetória política de V. Exª no Parlamento brasileiro. Tive oportunidade de acompanhar, nesta Legislatura, a atividade parlamentar de V. Exª e me fica a melhor das impressões. Sinto que neste momento não estamos perdendo um parlamentar. Estamos admirando e reverenciando uma missão cumprida de maneira digna por V. Exª na responsabilidade do mandato. V. Exª pode ter a mais absoluta certeza de que é um vitorioso no Parlamento brasileiro. Sempre observei que as atitudes de V. Exª são como as de um verdadeiro curador do processo legislativo, alguém que observava a atividade parlamentar de maneira pormenorizada, os conceitos do Parlamento brasileiro e, com muita atenção, as melhores manifestações filosóficas que se podia apresentar em decorrência dos debates que se travavam no Parlamento. O que fica, de minha parte, é uma profunda e elevada admiração. Há muitos anos, observei, ainda na fase de movimento estudantil, uma entrevista do deputado Ulysses Guimarães, que alertava que as pessoas deveriam atentar para algumas manifestações físicas, com seus olhos pequenos, que refletiam muita e intensa inteligência. E é preciso observar, de maneira admirável, essa característica de V. Exª. De minha parte, fica a certeza de que V. Exª cumpriu, neste mandato, um papel histórico fundamental. O Senado brasileiro tem orgulho de V. Exª. Mesmo tendo votado, em muitos momentos, como adversário, porque somos de partidos diferentes, sempre tive a maior admiração por V. Exª, pois sempre foi um adversário de profunda lealdade. A V. Exª minha admiração e meu reconhecimento histórico.

O sr. Iris Rezende (PMDB-GO) — Senador Bernardo Cabral, concede-me V. Exª um aparte?

O sr. Bernardo Cabral (PFL-AM) — Ouço o aparte de V. Exª, senador Iris Rezende.

O sr. Iris Rezende (PMDB-GO) — Obrigado, senador Bernardo Cabral, pela paciência demonstrada nesta tarde, ao ouvir todos os seus amigos e colegas que querem participar desse pronunciamento histórico. Tenho, senador Bernardo Cabral, uma vida pública longa: 44 anos de militância na política. Nesse período, experimentei a cassação de meus direitos políticos por 10 anos. Fui vereador, deputado, governador. No decorrer dessa vida, o ponto alto foi minha presença no Senado, aprendendo, sentindo e conhecendo os grandes valores da República: homens e mulheres que dedicaram uma vida à pátria. Devo salientar que, dentre tantas figuras ilustres, em meu coração, em minha concepção, V. Exª se destaca: uma vida servindo ao seu país. O presidente, com muita razão, concedeu-nos dois minutos a fim de que cada um pudesse manifestar-se. Diria, senador Bernardo Cabral, que V. Exª pode se considerar, nesta hora, um brasileiro de consciência absolutamente tranquila porque cumpriu o seu dever, sobretudo com sua pátria. Enquanto nossos colegas pronunciavam seus apartes, lembrava-me daquela passagem do grande apóstolo Paulo que, ao final de sua caminhada, escreveu: "Combati o bom combate, acabei a carreira e guardei a fé". V. Exª combateu o grande combate ao fazer da sua pátria e do seu povo uma grande nação. V. Exª conclui — digo assim por saber que essa carreira não vai terminar — um período de luta extraordinário na carreira pública, produzindo aquilo que poucos brasileiros tiveram a oportunidade de fazer, com sentimento, com amor, com responsabilidade e com competência, e guardou a fé na pátria. V. Exª sempre acreditou neste país, como acredita. Posso dizer, com muita honra e muito orgulho, que tive o prazer de privar do seu relacionamento quase que íntimo no decorrer desses oito anos. Quando eu presidia a Comissão de Constituição, Justiça e Cidadania, naqueles momentos de dificuldade, bastava que eu dirigisse o olhar a V. Exª para que fôssemos acudidos, trazendo-nos luzes. Lembro-me de que, na Comissão Especial de Segurança Pública — criada por iniciativa do presidente Ramez Tebet —, em um trabalho complexo, pesado, a presença de V. Exª nos transmitia também segurança, garantia de que os trabalhos teriam um final feliz. Durante duas vezes presidente da Comissão de Constituição, Justiça e Cidadania nesse período, V. Exª mostrava tranquilidade à

Casa. Assim, ao descer dessa tribuna, V. Exª deve elevar o seu pensamento ao alto e agradecer a Deus pela oportunidade de servir tanto e tão bem ao nosso querido país. Meus cumprimentos.

O sr. Ricardo Santos (Bloco/PSDB-ES) — Senador Bernardo Cabral, V. Exª me concede um aparte?

O sr. Bernardo Cabral (PFL-AM) — Tem V. Exª a palavra.

O sr. Ricardo Santos (Bloco/PSDB-ES) — Eminente senador Bernardo Cabral, sempre nutri por V. Exª um profundo sentimento de admiração ao acompanhar sua vida pública, na OAB, na Constituinte, na sua ação parlamentar no Senado Federal. Ao aqui chegar, há pouco mais de dois anos, meu sentimento de admiração consolidou-se e ampliou-se. Destaco aqui, sobretudo, a dimensão humana do ilustre homem público Bernardo Cabral, que ficou demonstrada em seu discurso, ao se referir à sua indignação com relação à fome e à pobreza no país. Também faço referência à dimensão humana de V. Exª no trato pessoal, na sua atitude lhana de atenção e colaboração com senadores desde os mais experientes até os mais novos. Considero V. Exª um dos grandes homens públicos do país na atualidade. Em nome do povo capixaba, do povo da minha terra, desejo votos de felicidades e de pleno sucesso em sua nova fase da vida. Congratulo-me e parabenizo V. Exª pela última de suas obras, que foi o relatório da reforma do Judiciário. Felicidades.

O sr. Arlindo Porto (PTB-MG) — Concede-me V. Exª um aparte?

O sr. Bernardo Cabral (PFL-AM) — Ouço V. Exª, senador Arlindo Porto.

O sr. Arlindo Porto (PTB-MG) — Senador Bernardo Cabral, todos temos alguns momentos e alguns dias especiais. V. Exª, sem dúvida, nesta tarde, deve estar reconhecendo que está tendo um dia especial, porque vem apresentar à sociedade brasileira, à nação brasileira, a síntese do grande trabalho que V. Exª fez como senador da República. Se isso não bastasse, é um momento sem dúvida especial pelos apartes que V. Exª está recebendo. Exceto o meu, os demais apartes vêm recheados de confirmações, de reconhecimento, e, agora incluindo o meu, quero destacar principalmente o nosso entusiasmo, a nossa alegria e a nossa certeza de que este aparte não é apenas uma formalidade, mas a expressão do nosso sentimento. V. Exª tem uma vida dedicada ao seu querido Amazonas, mas sempre olhando além, com a responsabilidade que tem de uma vida também dedicada ao Brasil, uma vida pública cujo registro outros já fizeram e que peço permissão para dispensar. E quero enfatizar que V. Exª conseguiu mesclar, ao longo desse tempo, ao longo dessa vida, o homem público que mescla com o cidadão, o cidadão que mescla com o amigo. V. Exª não separa a sua convivência de amizade, de cidadão, de político e de homem público. V. Exª conseguiu manter o sentimento da lealdade, da fraternidade, do respeito, da dedicação e da competência. V. Exª se dedicou muito, com a consciência que tem de que cada momento é único. Desejo-lhe felicidades, agradeço pelos ensinamentos, pelas oportunidades que tivemos de convívio, pelo apoio que recebi em todos os momentos que buscava no companheiro e no amigo a amizade que V. Exª me dispensou. Todos sabemos como V. Exª gosta deste país. A história é escrita a cada momento e este é mais um grande momento desta Casa, é mais um grande momento do Senado escrito com a participação de V. Exª. Parabéns e que seja muito feliz, companheiro.

O sr. Maguito Vilela (PMDB-GO) — V. Exª me concede um aparte?

O sr. Bernardo Cabral (PFL-AM) — Concedo um aparte ao senador Maguito Vilela e, em seguida, ao senador José Alencar, que, a partir de 1º de janeiro, será o vice-presidente da República.

O sr. Maguito Vilela (PMDB-GO) — Senador Bernardo Cabral, quero também apresentar meus cumprimentos a V. Exª, porque entrou na vida pública de cabeça erguida, sempre esteve na vida pública de cabeça erguida e continuará nela de cabeça erguida, deixa o Senado, mas continuará sendo um homem público querido e respeitado nacionalmente. V. Exª, como presidente da OAB, desenvolveu um trabalho relevante a todos os advogados e ao país, concomitantemente. V. Exª se firmou como um dos juristas mais importantes deste século. Depois, como deputado federal constituinte, brilhou — e eu tive a oportunidade de ser seu liderado na Assembleia Nacional Constituinte, onde V. Exª foi o relator e também prestou relevantes serviços à pátria brasileira. Depois, como ministro da Justiça, com conhecimento profundo de direito, atuou com competência e muita dignidade. Como senador da República, sempre foi um grande líder nesta Casa. Como presidente da Comissão de Constituição, Justiça e Cidadania, também desenvolveu um trabalho exemplar. Portanto, V. Exª é um vencedor, um dos homens públicos mais importantes deste país. Ouvi o senador Gilberto Mestrinho e, posteriormente, o senador Antero Paes de Barros dizerem que V. Exª sofreu um revés eleitoral no Amazonas. Acredito que foi o estado do Amazonas, o povo amazonense e, por que não dizer, o Brasil sofreu um revés, porque V. Exª ainda tem muitas ideias extraordinárias para servir a este país. Assim, quero apresentar os meus cumprimentos a V. Exª e dizer que sou um profundo admirador de sua conduta ilibada, proba e competente na vida pública e profissional. Sei que V. Exª vai continuar ajudando o Brasil com pareceres, advogando em causas importantes, tenho convicção absoluta disso. Quero lamentar que o Senado e a vida pública brasileira tenham perdido um de seus expoentes em função naturalmente do revés que, volto a repetir, não é do Amazonas ou do amazonense, mas do Brasil e dos brasileiros. Muito obrigado.

O sr. José Alencar (PL-MG) — Senador Bernardo Cabral, peço a V. Exª um aparte.

O sr. Bernardo Cabral (PFL-AM) — Concedo o aparte ao nobre senador José Alencar.

O sr. José Alencar (PL-MG) — Eminente senador Bernardo Cabral, todos nós — eu sinto — estamos hoje compartilhando esta sessão em que V. Ex² ouve e participa de todas estas manifestações que lhe são devidas. A lhaneza, a própria hospitalidade, a diplomacia são características da sua personalidade admirável, como um dos parlamentares de que todos nós mais nos orgulhamos. V. Ex², lembro-me bem, como relator da Constituinte, nos recebia — naquele tempo, nós pela Federação das Indústrias e às vezes pela Confederação Nacional da Indústria — para discutir determinadas questões ligadas à nova Constituição que nascia. Desde aquela época, V. Ex² nos conquistou a todos pelo seu espírito público arraigado, pela capacidade com que V. Ex² nos convencia e, às vezes, até concordava com algumas posições que trazíamos. Aquilo tudo fez crescer no coração de cada um de nós o sentimento de respeito e de admiração pelo trabalho admirável que V. Ex² trouxe ao Parlamento nacional. Devo dizer, eminente senador Bernardo Cabral, que também estou me despedindo do Senado Federal. Aprendi muito nesta Casa. Aprendi sempre política elevada, especialmente quando ouvia os pronunciamentos de V. Ex². Então, por tudo isso, e mais pelo apreço que todos nós devemos a V. Ex², como pessoa humana, é que queremos que V. Ex² continue prestando relevantes serviços, como foram todos os serviços que V. Ex² prestou ao nosso país. Continue disponível, prestando relevantes serviços ao Brasil, porque o Brasil não pode se despedir de V. Ex².

O sr. Bernardo Cabral (PFL-AM) — Concedo a palavra ao senador Luiz Otávio e, logo em seguida, ao senador José Eduardo Dutra.

O sr. Luiz Otávio (Bloco/PPB-PA) — Mestre Bernardo Cabral, na parte da manhã, na Comissão de Constituição, Justiça e Cidadania, nós também já fizemos o registro de todos os nossos companheiros e colegas, inclusive, o do vice-presidente da Comissão de Constituição, Justiça e Cidadania, senador Osmar Dias. Agora, apenas para acrescentar ao que foi dito pela manhã, digo que me sinto orgulhoso de ser um seguidor de V. Ex² e de ter tido oportunidade de conviver com V. Exª nesses quatro anos em que estou no Senado. Reconheço que a nossa geração teve oportunidade de aprender e conviver com V. Exª. Tive a honra também de sempre votar com V. Exª. Sempre acompanhei o seu encaminhamento e as suas indicações como presidente da Comissão de Constituição, Justiça e Cidadania durante esses dois últimos anos na Presidência. Além da sua competência, do seu conhecimento, da sua vivência e da sua experiência, sempre V. Exª primava e prima pelo bom senso, pela humildade, pelo reconhecimento do trabalho em prol do povo brasileiro, em especial da nossa querida Amazônia. Portanto, professor Bernardo Cabral, professor da vida, professor da Constituinte, professor do nosso dia a dia, muito obrigado por tudo que fez e que continuará fazendo pelo nosso Brasil.

O sr. José Eduardo Dutra (Bloco/PT-SE) — V. Exª me concede um aparte, senador Bernardo Cabral?

O sr. Bernardo Cabral (PFL-AM) — V. Exª tem a palavra.

O sr. José Eduardo Dutra (Bloco/PT-SE) — Senador Bernardo Cabral, o número de senadores que já o apartearam e dos que estão se preparando para fazê-lo reflete melhor do que as palavras o respeito, o carinho e admiração angariados por V. Exª nesta Casa, ao longo dos seus oito anos de mandato. De minha parte, gostaria apenas de me somar a esses diversos pronunciamentos, externando, mais uma vez, a honra de ter convivido com V. Exª nesse período, não só no plenário do Senado Federal, mas também na Comissão de Constituição, Justiça e Cidadania. V. Exª foi presidente por duas vezes daquela Comissão e conduziu-a da forma mais democrática possível, forma essa indelevelmente registrada em sua própria personalidade. V. Exª, que tem dado uma contribuição muito grande à democracia do nosso país como presidente da OAB, como relator da Constituinte, como deputado federal e como senador, agora se despede desta Casa; mas, tenho certeza, como já foi dito por outros colegas, não é o encerramento de sua vida pública; é apenas uma etapa que se encerra, já que V. Exª, com o seu conhecimento, talento, capacidade, ainda tem muito a contribuir para o engrandecimento do nosso país. Quero que V. Exª seja feliz nos novos caminhos a trilhar no próximo ano e manifesto, mais uma vez, a minha satisfação por esses oito anos de convivência. Muito obrigado.

O sr. José Jorge (PFL-PE) — Concede-me V. Exª um aparte?

O sr. Bernardo Cabral (PFL-AM) — Ouço V. Exª com prazer.

O sr. José Jorge (PFL-PE) — Sr. presidente, srªs e srs. senadores, meu caro senador Bernardo Cabral, direi algumas poucas palavras para expressar a alegria que tive, na minha vida pública, de conviver com V. Exª como deputado e também como senador. Estivemos juntos na Câmara Federal, inclusive na Constituinte, de que V. Exª foi relator, e estamos juntos no Senado neste período em que V. Exª exerceu a segunda parte de seu mandato. Posso dizer-lhe, como simples engenheiro, que sempre tive a oportunidade de aprender muito com seus pareceres e com sua participação como grande jurista. Em toda sua longa vida pública, ressalto o papel importantíssimo de V. Exª como relator da Constituinte. Certa vez, conversando com um político alemão, ele disse-me que dificilmente a Alemanha conseguiria fazer uma nova Constituição no século XXI, porque a quantidade de interesses envolvidos seria tão grande que poderia causar uma revolução. Na nossa Constituinte, a situação não era diferente. V. Exª teve a oportunidade de coordenar grandes interesses que surgiram e o fez de maneira correta, leal e, sobretudo, competente. Em toda a sua vida pública, em que foi ministro, deputado federal, senador, presidente da OAB, além de outros cargos, destaco que o Brasil muito lhe deve pelo trabalho paciente, competente, diuturno realizado por V. Exª como relator da Constituinte. Espero que V. Exª continue, em sua vida pública, prestando serviços ao Brasil. O nosso partido estará sempre ao seu lado, e V. Exª sempre conosco para continuarmos a realizar esse trabalho. Muito obrigado.

O sr. Artur da Távola (Bloco/PSDB-RJ) — Permite-me V. Exª um aparte?

O sr. Bernardo Cabral (PFL-AM) — Ouço V. Exª com prazer.

O sr. Artur da Távola (Bloco/PSDB-RJ) — Senador Bernardo Cabral, V. Exª, já há bastante tempo de pé nessa tribuna, recebe a homenagem da Casa e de seus pares. Como se percebe, trata-se de preito sincero e, ao mesmo tempo, de extremo respeito por V. Exª. Vendo a homenagem eu pensava no porquê dessa manifestação unânime da Casa. V. Exª é um homem dotado de inteligência, característica que fascina o ser humano. Grande parte desse preito é pela sua inteligência. V. Exª é um homem culto, de gostos refinados. Quem o acompanha como amigo e já teve oportunidade de viajar com V. Exª conhece-lhe a cultura e o refinamento. Existe uma palavra que está em desuso e cujo significado é muito pouco examinado: etiqueta, que é a pequena ética do comportamento e que virou até sinônimo de algo que se coloca num pedaço de papel, embora não o seja. Só tem etiqueta, no sentido antigo, justamente quem tem a ética do comportamento. E esta ética é filha da cultura. V. Exª é um homem amável, o que é outra característica muito interessante. Até mesmo em suas santas raivas — tive oportunidade de assistir a algumas —, V. Exª fica muito vermelho, porque guarda dentro de si quase toda a raiva, pondo para fora só um terço dela, mais uma prova do temperamento amável desse homem cordial, lembrado por Sérgio Buarque de Hollanda como caracterização do homem brasileiro. V. Exª é hábil. Sabe conduzir um processo, sabe comandar uma Comissão — deu várias provas disso —, soube ser relator da Constituinte. E a habilidade é parte inerente da ação política. Outra característica que julgo explicar a homenagem prestada pela Casa é que V. Exª, como todo bom político, é maleável no circunstancial, mas inflexível no essencial. Pouca gente tem noção da importância do que significa ser maleável no acidental, ou seja, conciliar no circunstancial, mas não conciliar no essencial, que são as ideias, as convicções. Nessas, V. Exª em nenhuma hipótese é maleável, e faz muito bem. Há pessoas, senador Bernardo Cabral, para quem o destino indica a tarefa de dar de si mais do que receber. É o caso de V. Ex.ª. É claro que há outras pessoas na política a quem o destino deu a faculdade de receber mais do que dar. São as tramas da política, são desígnios acima da nossa vontade. A política não é uma atividade movida exclusivamente pelo mérito. Ela mistura mérito com acaso. E V. Ex.ª, portanto, deixa esta Casa — percebo — um pouco triste. Mas quero lhe dizer, senador Bernardo Cabral, que V. Ex.ª há de ter muitas alegrias, apesar da dor da separação de algo que lhe é profundo e inerente. Primeiro, V. Ex.ª está na idade da razão e poderá, como jurista, escrever, opinar, dar aulas com uma visão muito mais ampla e muito mais generosa do mundo. V. Ex.ª está na fase das paixões políticas e das ilusões acalmadas não desaparecidas, mas acalmadas. Portanto, senador Bernardo Cabral, V. Ex.ª pode ir hoje para casa pensando no seguinte: "Dei o bom combate, estou sereno, pronto para continuar a servir o meu país". Parabéns, senador, por tudo o que V. Ex.ª é e representa.

O sr. Antonio Carlos Valadares (PSB-SE) — Permite-me V. Ex.ª um aparte, senador Bernardo Cabral?

O sr. Bernardo Cabral (PFL-AM) — Pois não, senador Antonio Carlos Valadares.

O sr. Antonio Carlos Valadares (PSB-SE) — Senador Bernardo Cabral, é verdade que o Senado Federal é reconhecido e caracterizado como uma Casa onde predominam a cordialidade, o equilíbrio, a moderação e a gentileza. E V. Ex.ª é o retrato, sem dúvida alguma, de todo esse espírito dominante no Senado Federal. Se é verdade que Pedro Álvares Cabral descobriu o Brasil, o povo do Amazonas descobriu o Cabral e o trouxe para cá, para o Congresso Nacional, onde fez um lastro de amizade, ganhando e granjeando a simpatia de todos nós, não apenas pelo relacionamento humano, solidário com os colegas, sobretudo pela sua competência demonstrada ao longo de todos estes anos, notadamente na Comissão de Constituição, Justiça e Cidadania, onde se mostrou um defensor intransigente das liberdades, dos direitos constitucionais. E sou prova disso! Como senador da oposição, quantas vezes fui procurar o aconselhamento do meu amigo, senador Bernardo Cabral, e a sua assinatura em muitas matérias importantes para o povo brasileiro, como a questão da revitalização do rio São Francisco. E V. Exª, como senador das Águas, jamais poderia furtar-se a esse apoio para a salvação do Velho Chico. Às matérias favoráveis à saúde, à alimentação e a toda e qualquer proposta que avançasse na direção social, da boa política, V. Exª se somava, não só às propostas apresentadas por mim, mas pelos senadores dos demais partidos. Portanto, esta Casa deve muito a V. Exª, e muito mais o povo brasileiro. Que Deus o ajude na nova caminhada! Que V. Exª retorne à atividade política, porque o Brasil precisa dela.

O sr. José Fogaça (PMDB-RS) — Senador Bernardo Cabral, concede-me V. Exª um aparte?

O sr. Bernardo Cabral (PFL-AM) — Concedo o aparte ao senador José Fogaça.

O sr. José Fogaça (PMDB-RS) — Senador Bernardo Cabral, já há tantos apartes que fica cada vez mais constrangedor usar o tempo e limitar os demais colegas. Mas, tendo sido colega de V. Exª por tantos anos e tendo tido o privilégio de, ao longo destes vinte e tantos anos de mandato, ter sido testemunha viva, ocular e auricular de grandes momentos por que passou este Parlamento, momentos em que V. Exª era uma das personagens centrais, eu não poderia deixar de registrar que levo comigo — nós que estamos encerrando o mandato —, entre o acervo, o patrimônio de aprendizado que colhi, ensinamentos de vida, de hombridade, de serenidade, de grandeza, de maleabilidade humana e de grande rigidez moral que testemunhei na experiência junto a V. Exª. O Brasil talvez não saiba e talvez jamais venha a saber, senador Bernardo Cabral, o que ocorreu no Prodasen naqueles anos de chumbo da

Assembleia Nacional Constituinte. V. Exª, um grande negociador, um homem pacífico, harmônico, flexível, do diálogo, aberto para múltiplas opções, disposto a fazer concessões a favor do interesse comum, do interesse público, disposto a aceitar acordos, com esse seu espírito, com essa sua bonomia pessoal, mas quando se tratava do interesse do Brasil, do interesse da nação, do superior interesse público, V. Exª era uma rocha de inflexibilidade. Fui testemunha de parlamentares que traziam recados a V. Exª, recados que continham inclusive ameaças a V. Exª, que não alterou um milímetro do caminho que traçou e a que se propôs, tendo produzido a mais bela e democrática Constituição de toda a história constitucional do Brasil. Levo este testemunho, este depoimento, mas levo comigo esse aprendizado. Posso dizer aos brasileiros que convivi com Tancredo Neves, com Ulysses Guimarães, com Nelson Carneiro, com Pompeu de Souza, com João Calmon, com Afonso Arinos e com Bernardo Cabral, de quem tirei lições de vida e de coragem. Portanto, V. Exª sai desta Casa, mas deixa nela a sua marca, deixa no Congresso a sua imagem, deixa para o Brasil e para o futuro sua visão de homem público, sua grandeza e sua dimensão. É possível, senador Bernardo Cabral, que, daqui a alguns anos, a Constituição brasileira esteja completamente reformada, porque ela precisa ser atualizada, precisa estar consentânea com o novo mundo e o com os novos tempos. Mas, se ela pode ser reformada hoje, se ela pode ser atualizada, modernizada, tornada consentânea com o presente, é porque V. Exª introduziu nela os instrumentos democráticos que permitiram que isso ocorresse. V. Exª fez uma Constituição que não é só democrática em si, ela é metafisicamente democrática. Ou seja, ela é democrática sobre si mesma, sobre sua própria operação, como norma, como lei, como código, como Carta Maior da República. Portanto, cumprimento V. Exª, que sabe que sempre terá, neste senador, um amigo e, mais do que tudo, um admirador, um aprendiz das suas grandes lições de esperança e coragem.

A sr^a Marluce Pinto (PMDB-RR) — Concede-me V. Exª um aparte?

O sr. Bernardo Cabral (PFL-AM) — Concedo um aparte à senadora Marluce Pinto.

A sr.ª Marluce Pinto (PMDB-RR) — Meu nobre colega e amigo Bernardo Cabral, nesta tarde de hoje, este plenário do Senado está movido pela emoção. Todos estamos emocionados. É possível senti-lo pelo tom de voz de cada um. E não poderia ser diferente, em se tratando do discurso de despedida em um político nobre, da envergadura de V. Exª. O Brasil perde muito, e este Senado perderá bastante. Lamento profundamente o que perderá o estado do Amazonas, o estado de Roraima, a que pertenço e, principalmente, toda a região amazônica. Agora que todos os políticos despertaram para defender a Amazônia, quando V. Exª seria tão útil continuando na Casa, um dos que levantaram a bandeira para defender aquela região, esquecida por tantos, não podemos contar com a sua participação neste Senado. Entretanto, a marca fica. A história pode passar, mas o trabalho, não. Ainda lembro, nos dias difíceis da Constituinte, em que tive o prazer de ser sua colega, que, em nosso estado, àquela época território, tínhamos apenas quatro deputados federais. Não tínhamos senadores por tratar ainda de território. Mas Roraima contou com cinco deputados federais. Se não fosse a intervenção, a compreensão e até o sentimentalismo de V. Exª, não teríamos conseguido transformar o território de Roraima em estado. Graças ao senador Bernardo Cabral, conseguimos autonomia e transformamos aquele antigo território em estado da Federação brasileira. O povo do Amazonas talvez não saiba o que significou Bernardo Cabral na Constituinte no que se refere à salvação da Zona Franca de Manaus, o povo do Amazonas talvez não conheça o Bernardo Cabral da Constituinte, foi S. Exª quem salvou a Zona Franca de Manaus. Ainda me lembro da reunião de líderes — uma reunião para o acordo das lideranças — presidida pelo deputado Nelson Jobim, atual presidente do Tribunal Superior Eleitoral. Já estávamos dando a questão por extinta, mas S. Exª, com a serenidade que lhe é peculiar, fez a exposição de motivos e convenceu todos. S. Exª sempre foi uma voz brilhante a defender este país com fidalguia e honestidade. É bonito dizer que S. Ex? já era conhecido antes mesmo de chegar ao Parlamento. Foi presidente da OAB. Sempre tido como um homem honesto, passou pela Câmara dos Deputados, assumiu o Ministério da Justiça e chegou ao Senado. Mas a característica mais brilhante de S. Ex?, além da cultura, é a sua honestidade. S. Ex? ultrapassou todas as barreiras, muitas conquistas, algumas decepções — mas todo ser humano as enfrenta. Como muitos já disseram, S. Ex? não conseguiu se reeleger, mas quem perde é o estado do Amazonas, a região amazônica, o Brasil. Siga em frente, senador Bernardo Cabral, porque, pelos depoimentos dos seus colegas, tenho certeza de que até os seus últimos dias carregará, com orgulho, a admiração de todos. Parabéns por tudo que representa para nosso país, parabéns à sua família, parabéns à sua companheira, a quem conheço de perto, pessoa digna, que sempre o acompanha nos momentos de alegria e de tristeza. Siga em frente, senador, a vitória será sua.

O sr. Sebastião Rocha (Bloco/PDT-AP) — Senador Bernardo Cabral, V. Ex? me concede um aparte?

O sr. Bernardo Cabral (PFL-AM) — Com prazer, senador Sebastião Rocha.

O sr. Sebastião Rocha (Bloco/PDT-AP) — Eminente senador Bernardo Cabral, chegamos juntos no Senado Federal e findaremos, também juntos, nossos mandatos. Mas sei, senador Bernardo Cabral, que o Senado continuará sendo uma de nossas casas, pois V. Ex? também tem, na OAB, outra importante referência. Entramos pela porta da frente, senador, e por ela estamos saindo! Como Roraima, o Amapá também deve a V. Ex? a passagem de território a estado. Nossos oito anos de convívio foram de cordialidade, amizade, respeito, sobretudo, de aprendizado permanente. Foram muitas as vezes que fui à sua bancada me aconselhar juridicamente. Quantas e quantas vezes recorri a V. Ex?, como presidente da Comissão de Constituição, Justiça e Cidadania, em quem sempre encontrei em aliado permanente às causas do Brasil, da Amazônia, do Amapá e do povo brasileiro. Senador Bernardo Cabral, o estilo de V. Exª é fino. V. Exª é um verdadeiro cavalheiro, de uma elegância exemplar no trato, na fala, no modo de se referir a qualquer questão, por mais polêmico que seja. V. Exª é um conciliador e soube associar, acima de tudo, sabedoria à serenidade, como destacou o senador Artur da Távola. Mas V. Exª também se indignou, muitas e muitas vezes, mesmo sem perder o controle emocional, mas colocando para fora sua indignação quando sentia seus ideais serem lesados, feridos. Recentemente, assistimos, mais uma vez, a um exemplo dessa indignação, quando o Senado deixou de votar a reforma do Judiciário, tão bem conduzida por V. Exª. Participo desta homenagem em meu nome e em nome do povo do Amapá. Tenho certeza de que V. Exª continuará a servir ao Brasil e ao Senado Federal como consultor permanente tanto dos atuais senadores como dos da futura geração, a exemplo de tantos outros senadores, como o nosso saudoso senador Josaphat Marinho, que permanentemente era consultado, mesmo depois de deixar o Senado Federal. Senador Bernardo Cabral, a eleição, lamentavelmente, não é fruto da razão. Não é ela que conduz o processo eleitoral, é a emoção, a situação econômica, política, financeira e as condições materiais. Mas respeitamos a vontade do povo, e o povo do Amazonas talvez lhe reserve uma outra missão, pois tenho claro, das vezes que visitei o Amazonas, o prestígio de V. Exª naquele estado. O líder perde o mandato, fica sem mandato, mas não perde a liderança, não deixa de ser referência para o seu povo. E V. Exª continuará sendo uma referência para o Senado brasileiro, para o povo do Amazonas, para o povo brasileiro. Parabéns, senador Bernardo Cabral, pelo mandato exemplar que V. Exª desempenhou na Câmara Federal e, sobretudo, no Senado Federal. Muito obrigado.

O sr. Geraldo Melo (Bloco/PSDB-RN) — Senador Bernardo Cabral, V. Exª me concede um aparte?

O sr. Bernardo Cabral (PFL-AM) — Senador Geraldo Melo, ouço V. Exª.

O sr. Geraldo Melo (Bloco/PSDB-RN) — Meu caro e eminente amigo, Senador Bernardo Cabral, não quero alongar-me, porque muito do que precisava ser dito a V. Exª nesta tarde já o foi. Não preciso lembrar ao Brasil que o clima de liberdade e de democracia que respiramos hoje é obra de todos os que acreditam nela. Entre os construtores dessa sociedade livre, seguramente se há de enxergar fortemente presente a mão de V. Exª. Não preciso lembrar o que representou a construção do novo país e da nova democracia brasileira, sua contribuição como líder de um movimento de libertação, de reação, de dignidade e de independência, como presidente da OAB, como relator da Constituinte e aqui, nesta Casa, dando dimensão e grandeza ao trabalho de todos os dias. Quero apenas agradecer a V. Exª. Também vou embora, senador Bernardo Cabral, e a sensação de perda que tenho em muito se acrescenta pela ausência de V. Exª, dos seus conselhos, da sua experiência e do seu exemplo, o qual tive o privilégio de desfrutar durante estes oito anos. Fui, com muita honra, seu vice-presidente na CPI dos Precatórios. O imenso trabalho que realizamos madrugadas adentro, semanas e meses, foi um momento alto da nossa passagem nesta Casa, pelos ensinamentos, pela sabedoria, pela demonstração de equilíbrio e de experiência que V. Exª partilhou com todos, inclusive com seu vice-presidente. Onde eu estiver, cada dia em que vir materializada, nas conquistas do povo, a democracia que V. Exª tanto ajudou a construir; onde eu estiver e precisar recordar os ensinamentos preciosos que tive oportunidade de receber como senador de todos os colegas; onde eu estiver e me recordar de um amigo, companheiro, colega solidário, homem eminente, ilustre e sério, lembrarei de V. Exª e por isso não poderia deixar de juntar a minha voz à justa homenagem que a Casa presta a V. Exª nesta tarde. Obrigado, senador Bernardo Cabral.

O sr. Romero Jucá (Bloco/PSDB-RR) — Senador Bernardo Cabral, V. Exª me permite um aparte?

O sr. Bernardo Cabral (PFL-AM) — Concedo o aparte, senador Romero Jucá.

O sr. Romero Jucá (Bloco/PSDB-RR) — Senador Bernardo Cabral, serei breve. Já tivermos oportunidade de, hoje pela manhã na Comissão de Constituição, Justiça e Cidadania, externar a nossa posição pessoal e também em nome da liderança do governo. Quero aduzir que V. Exª é não só um senador do Amazonas mas também um senador amazônida. E nós, amazônidas, temos muito orgulho do seu trabalho, da sua biografia e da sua ação no Congresso Nacional. Quero parabenizá-lo e dizer que o estado de Roraima, como disse a senadora Marluce Pinto, deve muito a V. Exª, que tem serviços prestados ao país, mas principalmente à nossa querida região amazônica. Nada mais justo, portanto, do que essa homenagem que prestamos hoje a V. Exª, e que também continuaremos nesta luta, conjuntamente, em prol do país. Meus parabéns e felicidades em sua trajetória.

O sr. Fernando Ribeiro (PMDB-PA) — Senador Bernardo Cabral, V. Exª me concede um aparte?

O sr. Bernardo Cabral (PFL-AM) — Concedo o aparte, senador Fernando Ribeiro.

O sr. Fernando Ribeiro (PMDB-PA) — Senador Bernardo Cabral, eu gostaria de, publicamente, registrar que foi um imenso privilégio, nesta minha breve passagem por essa Casa, ter convivido com V. Exª não só no plenário, mas também na Comissão de Constituição, Justiça e Cidadania, e que recolhi desta convivência muitos ensinamentos que, quando deixar esta Casa — aliás junto com V. Exª —, me farão guardar de forma terna as recordações deste trato diário. E, creio, poderei dizer, quando relatar os momentos que aqui passei, que construí com V. Exª uma amizade que não se encerra com este mandato. Um grande abraço, muita saúde e paz para V. Exª.

O sr. Carlos Patrocínio (PTB-TO) — Senador Bernardo Cabral, peço a V. Exª um aparte.

O sr. Bernardo Cabral (PFL-AM) — Concedo o aparte a V. Ex.ª

O sr. Carlos Patrocínio (PTB-TO) — Nobre senador Bernardo Cabral, eu posso assegurar a V. Ex.ª que hoje fiz um cálculo perfeito. Eu tinha um compromisso inadiável aqui fora, mas quando vi que V. Ex.ª assomou à tribuna tive certeza de que todos os senadores gostariam de apartéa-lo, como de fato o fizeram, e por isso houve tempo de eu chegar aqui e ainda ter o prazer de me despedir brevemente de V. Ex.ª. Quero dizer-lhe que V. Ex.ª é um dos homens vencedores deste país. V. Ex.ª foi o relator da Constituição Cidadã, no dito do saudoso dr. Ulysses Guimarães; V. Ex.ª foi o relator da reforma do Judiciário, matéria importantíssima que deveria efetivamente ser implantada ainda no decorrer deste ano; V. Ex.ª, antes de tudo, foi um guru para aqueles que não tinham a sua experiência, acumulada ao longo da sua vida. Quero deixar patenteada aqui a impressão de que esta Casa estará mais pobre a partir da próxima legislatura por perder um senador de escol, de ponta, como é V. Ex.ª. Eu o admiro muito e, além do mais, sou-lhe muito agradecido porque alguns pedidos que fiz a V. Ex.ª foram prontamente atendidos. Seja muito feliz na sua jornada futura junto a dona Zuleide e a seus familiares. Deste modesto senador, a eterna admiração e a eterna gratidão.

O sr. Leomar Quintanilha (PFL-TO) — Senador Bernardo Cabral, concede-me V. Ex.ª um aparte?

O sr. Bernardo Cabral (PFL-AM) — Concedo um aparte ao senador Leomar Quintanilha.

O sr. Leomar Quintanilha (PFL-TO) — Senador Bernardo Cabral, colega e querido amigo, eu sinto que posso falar [pela] valorosa gente do estado do Tocantins, que juntamente com o senador Carlos Patrocínio e Eduardo Siqueira Campos tenho a honra de representar nesta Casa. O povo tocantinense reverencia o extraordinário trabalho desenvolvido por V. Ex.ª, fundamental na criação dessa nova unidade da Federação que é o estado do Tocantins, que vem dando mostras, no seu curto espaço de vida — 14 anos —, da importância da redivisão territorial do país. V. Exª receba, portanto, minhas congratulações porque sua relatoria, entre outros avanços, permitiu a criação do estado do Tocantins. Em meu nome, aduzo as afirmações que já foram aqui expedidas pelos eminentes colegas a respeito deste convívio extraordinariamente rico e forte que tivemos com V. Exª. Seguramente, experimentaremos uma lacuna de difícil superação no Senado. A competência com que se houve na Comissão de Sistematização, mais recentemente na reforma do Judiciário e nas tratativas de assuntos do maior relevo deste país como as questões ligadas à água, à integração das bacias, enfim, a todas as matérias que V. Exª trazia para discussão quer neste plenário, quer nas comissões que integrava, notadamente na Comissão de Constituição, Justiça e Cidadania, que V. Exª ainda preside com raro brilho, deixa ensinamentos muito fortes para todos nós e, particularmente, para este seu amigo e admirador. Formulo votos de firmeza, de muita alegria e de muitas felicidades nos embates futuros que V. Exª haverá de travar fora do plenário do Senado Federal.

O sr. Valmir Amaral (PMDB-DF) — V. Exª me concede um aparte?

O sr. Bernardo Cabral (PFL-AM) — V. Exª tem a palavra.

O sr. Valmir Amaral (PMDB-DF) — Meu caro amigo, senador Bernardo Cabral, em primeiro lugar, uno minha voz à dos meus pares no Senado. Antes de entrar nesta Casa, eu acompanhava seu trabalho, pelo que já admirava como homem público. Depois que vim a ser seu colega nesta Casa, nesses dois anos e meio de convivência, quero dizer que aprendi muito com V. Exª, que é um exemplo para o Brasil de homem honesto, sério, um exemplo do que pode existir de melhor do homem público. Por isso desejo toda a felicidade, tudo de bom para V. Exª, senador Bernardo Cabral.

O sr. José Serra (Bloco/PSDB-SP) — V. Exª permite-me um aparte?

O sr. Bernardo Cabral (PFL-AM) — Pois não, senador José Serra.

O sr. José Serra (Bloco/PSDB-SP) — Eu queria, senador Bernardo Cabral, trazer-lhe meu abraço. Já convivemos muitos anos e de forma particularmente intensa durante a Constituinte. Acompanhei de perto o seu trabalho; mais do que isso, participei dele, como V. Exª se recorda. Quando V. Exª relatava a Constituição, tive oportunidade de ser relator de alguns pontos no capítulo de Orçamento, Tributação e Finanças.

O sr. Bernardo Cabral (PFL-AM) — De muita valia.

O sr. José Serra (Bloco/PSDB-SP) — Mas, além disso, de participar com V. Exª e os relatores adjuntos da discussão de artigo por artigo, de dispositivo por dispositivo, procurando prestar minha colaboração em todas as matérias que tinham a ver com a nossa economia, com o nosso sistema político. Quero dar aqui o testemunho de duas características de V. Exª que foram muito importantes naquele período. Em primeiro lugar, a cordialidade que esta Casa conhece muito bem. Em segundo lugar, a abertura a ideias, a opiniões e a iniciativas de outros. São duas condições que não esgotam, mas caracterizam boa parte do seu espírito público, da sua atuação e do seu desempenho no plano da política nacional e das questões públicas do nosso país. Quero dar esse testemunho. No Senado, não convivemos tanto, dadas as circunstâncias que envolveram o exercício do meu mandato. Exerci, praticamente, 20% do mandato como parlamentar, tendo o restante decorrido enquanto ocupava o cargo de Ministério, primeiro, do Planejamento e, depois, da Saúde. A partir da minha atuação no Ministério, pude também comprovar o empenho de V. Exª no encaminhamento de questões tanto da sua região, do seu estado — Amazonas —, como do nosso país. Como já foi dito aqui, o término do seu mandato caracteriza apenas um momento de sua vida pública. V. Exª saberá como prolongá-la no próximo período até que possa voltar ao nosso convívio seja no Congresso

Nacional, seja no Executivo. Meu grande abraço, senador Bernardo Cabral, e até sempre.

O sr. Edilson Lobão (PFL-MA) — Senador Bernardo Cabral, concede-me V. Ex ª um aparte?

O sr. Bernardo Cabral (PFL-AM) — Sr. presidente, havia ainda o pedido de aparte do senador Osmar Dias, mas não o vejo no plenário. Assim, com muito prazer, ouvirei o senador Edilson Lobão, vice-presidente desta Casa.

O sr. Edilson Lobão (PFL-MA) — Não gostaria que V. Exª concluísse o seu discurso sem dizer-lhe pelo menos algumas palavras. Ouvi o pronunciamento de V. Exª quando estava no exercício da Presidência; acompanhei, em seguida, os apartes. Está presente em minha cabeça o que disse o senador Gilberto Mestrinho: "V. Exª não foi derrotado: foi vítima em seu estado". Percebi a emoção também do senador Antonio Carlos Magalhães Júnior e ouvi o que afirmou o nosso líder, senador José Agripino, utilizando palavras que pareciam tão largas, porém tão insuficientes. V. Exª, senador Bernardo Cabral, disse que se considera um romeiro desapontado. Não o é. V. Exª é, de fato, um peregrino de grandes causas políticas e institucionais de nosso país. Leve o meu abraço.

O sr. Bernardo Cabral (PFL-AM) — Senhor presidente, os apartes estão esgotados, mas peço a V. Exª que me conceda mais alguns minutos.

O senador Edilson Lobão acabou de fazer duas referências que seriam os pontos fulcrais deste meu agradecimento. A primeira diz respeito ao depoimento do senador Gilberto Mestrinho, que, ao longo de mais de 40 anos, fez questão de enfatizar a minha seriedade e a minha honestidade, o que é muito importante tendo em vista que S. Exª foi deputado federal, três vezes governador do meu estado e, agora, é senador da República.

No que tange à segunda referência, eu diria que as lágrimas que tentaram bailar nos olhos do senador Antonio Carlos Magalhães Júnior demonstram que entre mim e S. Exª está plantada uma amizade que será suficientemente forte para vencer o tempo, a distância e o silêncio. Jamais imaginei, quando vim para cá, que pudesse ter a imensa alegria, não desta consagração, mas do momento que vivo e de que partilham alguns amigos, um dos quais está ali na tribuna de honra. Quando, cassado, eu estava no Rio de Janeiro, esse amigo advogava com raro brilho e hoje continua a fazê-lo no meu estado. Foi uma surpresa muito agradável revê-lo. Quero deixar registrada nos *Anais* do Senado Federal a presença do dr. Paulo Figueiredo, pela sua independência e amor ao Amazonas.

Senador Ramez Tebet, V. Exª me proporcionou nesta tarde, depois do que fez o senador Edilson Lobão, a forma pela qual eu ficaria mais alguns minutos na tribuna. Penso que esse seja um recorde, porque já são 18 horas e 4 minutos e nenhuma vez o orador foi alertado para que daqui saísse. Talvez isso demonstre o comportamento de quem sabe que o homem público tem dois instantes: o de seu prestígio pessoal, que se acaba quando ele larga o cargo — seja governador, seja presidente da República, seja senador, seja deputado federal —, e o do conceito, que é muito mais valioso. Tal conceito, a meu ver, está aqui espraiado nesta tarde. Foi homenageado não o senador que sai, mas o conceito que ele plantou ao longo da sua vida inteira. Isso, senador Ramez Tebet, para um homem público é a coisa mais importante que pode existir. Hoje houve dois momentos profundamente tocantes: as lágrimas do senador Antonio Carlos Magalhães Júnior e o beijo da senadora Heloísa Helena, que fez questão de vir à tribuna dar-me um beijo porque, como disse, a emoção não lhe permitia me apartear.

Senhor presidente, isso em uma Casa em que existem várias correntes políticas, lideranças da oposição e do governo, em que existem pessoas que pensam de forma diferente é um grande alento para alguém que sai, conforme as palavras de meu velho pai, com as cicatrizes orgulhosas do dever cumprido.

Se estivesse obtido outro mandato, talvez não estivesse hoje tão certo dessa minha íntima alegria pelo que ouvi, pelo o que a minha mulher deve ter ouvido, pelas palavras a ela dirigidas. Zuleide e eu estamos gratos ao Senado, por ter permitido que alguém vindo das barrancas do Amazonas, que saiu da casa do lado de lá (a Câmara dos Deputados), e teve a sua igarité tangida para o Sul do país pelos vendavais dos éditos de exceção, no caso o Ato Institucional nº 5. Jamais poderia imaginar tudo isso. Fui confinado no Rio de Janeiro, pois o Estatuto do Cassado não me permitia que de lá saísse e de lá fiz a minha segunda terra. Lá convivi com Roberto Saturnino, que começou a abertura desses apartes, e com o então Paulo, que hoje é Artur da Távola, todos nós cassados, afastados da vida pública. Esse reencontro, sr. presidente, depois da diáspora havida, para mim, é o maior galardão! Tenho a certeza de que alguns homens públicos saem da política pela porta dos fundos; outros, por onde entraram: pela porta da frente, de cabeça erguida. É o que sinto. Plantei aqui muitas amizades. Ouvi o que disse o senador José Alencar, que, a partir do dia 1º de janeiro, ocupará o cargo de vice-presidente da República. Senti suas entrelinhas. Saio daqui plenamente recompensado por saber que ficaram as palavras ditas no passado quando S. Exª estava na Federação, e eu chegava a Belo Horizonte. Emocionaram-me também o aparte, de pé, do nosso amigo Lindberg Cury e as palavras do senador Carlos Wilson, amigo da vida inteira, amizade que vem do seu pai, amizade que nos unia ao velho Ulysses Guimarães.

O que eu poderia imaginar mais nesta tarde, depois de ter ouvido o líder do meu partido fazer aqui aquela declaração? Nada mais, sr. presidente! Não há por que alguém cultivar mágoas. O passado, como diria Churchill, deve ser enterrado.

Nesta tarde, entretanto, saio daqui com uma leve frustração, pois o senador Osmar Dias tinha sido o primeiro a me pedir o aparte e, quando pude concedê-lo, S. Exª já não estava no plenário. Vejo-o agora, na sua cadeira, e incorporo o seu silêncio como um dos melhores apartes que eu poderia ter recebido, porque, como vice-presidente da Comissão de Constituição, Justiça e Cidadania foi um amigo de toda lealdade.

Senador Ramez Tebet, V. Exª está a encerrar este período da sua presidência. Praza aos céus que o Senado Federal possa viver, no próximo ano e a partir dele, momentos de muita cordialidade. O país vai precisar — tomem nota disso — de muito acordo, de muita transigência, de muita colaboração. O fosso que ainda pode haver entre o povo e a nação tem de ser superado. Não devemos criar esperanças que sejam apenas frágeis aspirações em trânsito para o desencanto. Que tais esperanças possam ser concretizadas.

Saio da tribuna certo de que, onde estiver, não perco o ideal pelo lado público. Sair da vida política não implica sair da vida pública. Em algum instante poderei dizer aos meus netos que uma das coisas que mais me honraram na vida foi ter convivido com 80 senadores que, ao final do meu mandato, me prestigiaram desta forma. Só cabem duas palavrinhas: muito obrigado.

(Palmas prolongadas. O orador é efusivamente cumprimentado.)

O sr. presidente (Ramez Tebet) — Senador Bernardo Cabral, suas últimas palavras bem demonstram o que todos esperamos de V. Exª. Deixa V. Exª a política — e assim se pronunciou — mas não deixa a vida pública. Portanto, acalentamos, e vamos acalentar, essa esperança. Que V. Exª continue a trajetória que começou naturalmente com Bernardo Cabral, o advogado; Bernardo Cabral, presidente da Ordem dos Advogados; Bernardo Cabral, deputado federal, constituinte, relator da Constituição de 1988; Bernardo Cabral, senador, presidente da Comissão de Constituição, Justiça e Cidadania, com quem tive a honra de conviver como seu vice-presidente, como fui também do ilustre senador José Agripino; Bernardo Cabral, homem público, de coração amazonense e de alma verde-amarela, de alma brasileira. V. Exª ouviu hoje o testemunho não dos seus colegas, mas o testemunho do Brasil a respeito da sua vida pública.

Vale a pena realmente ter o que V. Exª falou: conceito. Porque todos os senadores presentes a esta Casa, de todos os estados brasileiros, pronunciaram-se para enaltecer a figura de V. Exª, como disse o eminente senador José Agripino naquela sessão onde as altas autoridades da República estavam presentes. Não era eu presidente do Senado, mas o seu vice-presidente. Eu também compunha, senador José Agripino, aquela Mesa, quando descerramos a fotografia do presidente da Comissão de Constituição, Justiça e Cidadania, senador Bernardo Cabral. Mas V. Ex ª não vai ficar presente nesta Casa pela fotografia e pela moldura da fotografia naquela Comissão. V. Ex ª estará presente nesta Casa pelos ensinamentos que legou a todos nós e pelo seu sentimento, sentimento de homem público, sentimento de amor à pátria, como V. Ex ª sempre procedeu, de homem probo, digno e honrado.

A Presidência, neste momento, apenas se associa às homenagens. Mais do que eu, falou o Brasil inteiro, por meio dos ilustres parlamentares que o aparteraram, sobre o que não consideramos a despedida de V. Ex ª, porque a despedida é uma coisa que compunge o coração do ser humano. Assim me referi outro dia, quando falava com o senador Carlos Wilson. Acho que é um até breve, até um outro momento, momento feliz. Haverá sempre um momento para o reencontro de V. Ex ª com seus colegas e o continuar de V. Ex ª na vida pública, peregrinando por esse Brasil, pelas universidades, onde quer que V. Ex ª esteja, seja qual for o caminho que V. Ex ª vai trilhar na sua nova vida, eu diria, nesse interregno.

Portanto, senador Bernardo Cabral, receba aqui não a fala só do presidente; receba aqui a fala do seu amigo, de quem sempre o admirou e nutre por V. Ex ª um sentimento de profunda amizade.

O sr. Bernardo Cabral (PFL-AM) — Muito obrigado.

Sobre Bernardo Cabral

José Bernardo Cabral nasceu em 27 de março de 1932, no município de Manaus (estado do Amazonas), onde transcorreu sua formação familiar e educacional, inclusive sua graduação em ciências jurídicas (1954). Graduou-se, também, em ciências contábeis (1950), psicologia e serviço social (1958).

Foi delegado de Polícia em Manaus (1955) e promotor de Justiça (1955-56) em Itacoatiara, também no estado do Amazonas, onde ainda foi chefe do Departamento de Assistência e Previdência Social (1956) e procurador fazendário (1961)

Sua carreira política também se iniciou no estado do Amazonas como secretário de Segurança Pública (1957), secretário de Interior e Justiça (1958 a 1959), chefe da Casa Civil (1959 a 1960) e, posteriormente, deputado estadual (1962 a 1966).

Eleito deputado federal em 1967, pelo estado do Amazonas, perfilou-se na oposição ao regime autoritário e ao movimento político-militar de 1964 (criticando a escalada de medidas governamentais correspondentes) até sua cassação em 1969, como parlamentar, e banimento como cidadão, baseados no Ato Institucional nº 5 de 1968 (editado pelo governo militar), pelo prazo de 10 anos. Nunca foi anistiado pelo regime.

Advogado militante, antes e depois de seu banimento político pelo autoritarismo militar em 1969, teve intenso ativismo social no interior da Ordem dos Advogados do Brasil, da qual foi secretário-geral no período de 1979 a 1981 e seu presidente durante o período de 1981 a 1983, enquanto a entidade se tornava uma das principais lideranças da sociedade civil brasileira na resistência democrática e foi alvo de ataques terroristas contrários à distensão política — entre o regime autoritário e seus opositores — então em curso.

Decorrido o prazo temporal (de 10 anos) do ostracismo político — proibitivo de direitos políticos e de todos os demais direitos correlatos — imposto pelo regime autoritário, Bernardo Cabral se candidatou a deputado federal para as eleições legislativas que formariam a Assembleia Nacional Constituinte incumbida de escrever uma nova Constituição brasileira. Foi eleito pelo estado do Amazonas, em 1986.

Na Assembleia Nacional Constituinte que funcionou de 1987 a 1988 foi eleito, por meio de disputa interna à bancada parlamentar do PMDB, relator da Comissão (intitulada de Sistematização) onde convergiam as diversas propostas que tramitavam para a futura Constituição do País. Posteriormente, com a intensificação das polarizações ideológicas e políticas na Assembleia Constituinte, tornou-se seu relator geral e, consequentemente, parecerista de todos os temas dos debates e articulador em todas as polêmicas relevantes do processo de elaboração da nova Magna Carta.

Após a primeira sucessão presidencial democrática (e com voto direto pela população), com o fim do regime autoritário e a promulgação da Constituição de 1988, foi nomeado ministro da Justiça do governo de Fernando Collor de Mello (eleito em 1989). Esteve à frente do Ministério da Justiça por sete meses, abandonando-o em outubro de 1990.

Em 1994, tornou-se senador da República pelo estado do Amazonas, exercendo o mandato pelo Partido da Frente Liberal (PFL), cujo diretório amazonense presidiu. Encerrando-o em 2002, foi marcado pela articulação e relatoria de reformas constitucionais no campo do Poder Judiciário e correlatos (incluindo a criação do Conselho Nacional de Justiça).

Dentre dezenas de títulos e outras distinções que lhe foram outorgados, é *Doutor Honoris Causa* pela Universidade Federal do Estado do Rio de Janeiro (UNI-RIO) em 2005, pela Universidade Federal do Amazonas (Ufam) em 2009, pela Academia Brasileira de Filosofia em 2010 e é membro da Academia Brasileira de Direito e Economia, desde 2012.

É autor de dezenas de livros, especialmente sobre a região amazônica e legislação sobre recursos hídricos do país, além de centenas de pareceres jurídicos em revistas especializadas. Pela Assembleia Nacional Constituinte, que elaborou a Magna Carta de 1988, publicou *Poder Constituinte: fonte legítima — soberania — liberdade*.

Bernardo Cabral exerce a advocacia, ininterruptamente, desde 1969, no estado do Rio de Janeiro (ano e local onde se encontrava quando cassado pelo regime autoritário, o que lhe impôs, à época, restrições de mobilidade), e a consultoria da Presidência da Confederação Nacional do Comércio, desde 2003.

Impressão e acabamento:

Grupo SmartPrinter
Soluções em impressão